HELÔ TEIXEIRA
CRÍTICA COMO VIDA

ANDRÉ BOTELHO E CAROLINE TRESOLDI

HELÔ
TEIXEIRA
CRÍTICA COMO VIDA

© dos autores, 2024
© desta edição, Bazar do Tempo, 2024

Todos os direitos reservados e protegidos pela lei n. 9610, de 12.2.1998. Proibida a reprodução total ou parcial sem a expressa anuência da editora.

Este livro foi revisado segundo o Acordo Ortográfico da Língua Portuguesa de 1990, em vigor no Brasil desde 2009.

EDIÇÃO
ANA CECILIA IMPELLIZIERI MARTINS

COORDENAÇÃO EDITORIAL
JOICE NUNES

ASSISTENTE EDITORIAL
BRUNA PONTE

COPIDESQUE
MARIANA OLIVEIRA

REVISÃO
BRUNA DEL VALLE

CAPA E PROJETO GRÁFICO
SÔNIA BARRETO

IMAGENS DE CAPA
ACERVO PESSOAL HELOISA TEIXEIRA

CIP-BRASIL. CATALOGAÇÃO NA PUBLICAÇÃO
SINDICATO NACIONAL DOS EDITORES DE LIVROS, RJ

B76h
Botelho, André
Helô Teixeira: crítica como vida / André Botelho, Caroline Tresoldi. – 1. ed.
Rio de Janeiro: Bazar do Tempo, 2024.
ISBN 978-65-85984-33-1
1. Teixeira, Heloisa, 1939 2. Críticos literários – Brasil – Biografia.
I. Tresoldi, Caroline. II. Título.
24-95286   CDD 928.69   CDU 929:821.134.3

Meri Gleice Rodrigues de Souza – Bibliotecária – CRB 7/6439

Rua General Dionísio, 53, Humaitá
22271-050 – Rio de Janeiro – RJ
contato@bazardotempo.com.br
www.bazardotempo.com.br

VARIAÇÕES HT: APRESENTAÇÃO 6

1
RAPSÓDIA PÓS-MODERNA 13
DR. ALCEU 14
A MINERVA 25
MÁRIO DE ANDRADE, PECADO ORIGINAL 37

2
CULTURA E POLÍTICA: MODOS DE SER 49
RIO BABILÔNIA 51
MIMEÓGRAFO: A CULTURA DA PARTICIPAÇÃO 59
"SOB A CABEÇA OS AVIÕES" 70
A DEMOCRATIZAÇÃO DA CULTURA 79

3
ESTUDOS CULTURAIS: CIRCULAÇÕES E ENCONTROS 86
HELÔ NO *JORNAL DO BRASIL* 87
"DISSERAM QUE EU VOLTEI AMERICANIZADA..." 103
RÉGUA, COMPASSO E MUITO CIMENTO 114

4
FEMINISMOS BUMERANGUES 126
FEMINISMO COMO CRÍTICA DA CULTURA 128
QUANTAS VEZES RACHEL? 136
DE VOLTA ÀS RUAS: A EXPLOSÃO FEMINISTA 142
"O EFEITO ANA C." 155

5
A VIRADA PERIFÉRICA 164
GENEALOGIA DO ESPANTO 166
NO CENTRO, AS PERIFERIAS 182
UNIVERSIDADE DAS QUEBRADAS 194
UMA PRAGMÁTICA DA RELAÇÃO 200

AGRADECIMENTOS 205

BIBLIOGRAFIA 207

VARIAÇÕES HT: APRESENTAÇÃO

NÃO É SIMPLES TRAÇAR o perfil intelectual de uma crítica da literatura e da cultura tão múltipla e atuante como Heloisa Teixeira, Heloisa Buarque de Hollanda na maior parte de sua vida. Não é apenas um problema de quantidade ou de diversidade. É isso também. Mas é, sobretudo, uma questão de escolhas. E seus significados para a crítica da cultura, em geral, e para a literatura, em particular, praticadas no Brasil nos últimos 65 anos, ao menos.

As próprias escolhas de Heloisa Teixeira não são óbvias dentro do campo intelectual brasileiro e, sobretudo, dentro da crítica especializada que se desenvolveu e vem se desenvolvendo no ambiente acadêmico do Brasil. A própria Helô volta e meia aparece repensando-as publicamente. Sempre surpresa e não raro meio estarrecida com, elas, as próprias escolhas. Um susto. Dois sustos. Muitos sustos.

Heloisa Teixeira é única. Mas não está sozinha. Ela pertence à estranha família dos intelectuais brasileiros sensíveis às causas maiores da política cultural, a que se entregam de corpo e alma, e dão vida e as próprias vidas a ela, pois são do tipo de escritores que buscam reinventar o mundo não apenas no papel, mas ao seu redor.

Qual é o papel do/a estudioso/a da trajetória intelectual de um indivíduo? É possível conferir alguma unidade a ela? Já vamos adiantando que não. Não é possível. E esse objetivo tampouco é neutro. Ele traz vários pressupostos há muito cristalizados e rotinizados sobre a noção moderna e burguesa de "indivíduo". Uma noção entre outras, ainda que vencedora no mercado das ilusões biográficas. Tampouco a busca das bases sociais que condicionariam uma existência individual daria conta de reconstituir qualquer unidade de sentido. A unidade existe, afinal?

Dúvidas como essas deveriam valer para o estudo da trajetória intelectual de qualquer pessoa. Especialmente a de Helô, tão rica e dinâmica que nada dela se deixa domesticar inteiramente. Está sempre em movimento, procurando, avançando. De onde vem a aguda sensibilidade e inquietação que fazem de Heloisa Teixeira vanguardista, sempre antecipando temas que ganharão o cotidiano na cultura brasileira contemporânea?

Rever sua trajetória intelectual, como propomos neste livro, é constatar sua contribuição para a inteligibilidade do novo, para a ampliação da cultura no Brasil e o reconhecimento dos seus diferentes atores sociais. A democratização da cultura é a sua causa maior.

Quem é Heloisa Teixeira? Professora universitária, feminista, editora de livros, colunista de jornal, curadora de exposições, autora e organizadora de numerosas antologias *cults*, diretora de documentários para o cinema e a TV, imortal da Academia Brasileira de Letras (ABL), para ficar apenas no campo profissional – já que seu perfil mais íntimo e familiar tem sido reconstituído em documentários cinematográficos, como *Helô*, de seu filho Lula Buarque de Hollanda, lançado em 2023.

De onde começar a narrativa sobre essa nossa personagem, sempre em movimento, construção e desconstrução permanentes? Como fazê-la protagonista de um texto, deste livro?

Em vez de puxar um fio condutor para então desenrolar o novelo de uma vida múltipla, para desenhar um sentido unívoco, preferimos seguir por outros caminhos. Fundamentalmente, queremos pensar a trajetória em movimento. Isso significa que ela existe e seguirá existindo em curso (sempre que alguém retomá-la, por exemplo), e também que vive de acordo com as circunstâncias, em aberto, inacabada. E para que o caráter dinâmico do movimento de uma vida possa ser apreendido, propõe-se um jogo em que as suas muitas atividades possam ganhar novos sentidos ao serem relacionadas.

Parece mais fácil observar como estudioso os movimentos de uma trajetória eternamente dinâmica do que prendê-los, na posição de escritor, na tela do computador ou numa página em branco. Como dispor a narrativa?

Não se trata de pensar a trajetória em movimento de forma cronológica e linear, como um aperfeiçoamento cumulativo ao modo dos paradigmas da "formação" que visam estabilizar o contingente e domesticar o inapreensível. Além disso, também se deve problematizar a ideia de "momentos decisivos" deste percurso, para não cairmos na armadilha de sobrevalorizar eventos e atribuir causalidades teleológicas a eles, enviesando a narrativa como um todo. O que fazer?

Em *Contra a interpretação*, a ensaísta Susan Sontag lança o desafio que pretendemos assumir, a nosso modo, neste livro: dar mais atenção à "forma" e evitar a "arrogância interpretativa" decorrente da ênfase excessiva no "conteúdo".[1] Assim, nosso objetivo é forjar um "vocabulário de formas" sobre Heloisa Teixeira – descritivo, e não prescritivo, como alerta a ensaísta estadunidense. Queremos trilhar esse caminho, e, para isso, seguiremos as pegadas deixadas por alguns precursores no ensaio biográfico-sociológico.

Ao escolher estudar, em lugar da *evolução*, o *movimento* do pensamento de Michel de Montaigne, o admirável Jean Starobinski admitiu que não procurou "evitar que este *Montaigne em movimento* fosse igualmente um *movimento em Montaigne* e que, assim, a reflexão observadora estabelecesse um nó, ou quiasma, com a obra observada."[2] De acordo com Starobinski, o termo final alcançado por Montaigne já está antecipadamente definido, mas como lembra, recorrendo a uma metáfora que também convém

---

1 S. Sontag, *Contra a interpretação*, 1987.

2 J. Starobinski, *Montaigne em movimento*, 1993, p. 8.

à nossa interpretação, todas "as variações de uma chacona são virtualmente exigidas pela primeira progressão do baixo; a obra, contudo, só se realiza quando todos os seus desenvolvimentos foram produzidos"[3] – segundo nossa pesquisa no Google, em música, chacona (do italiano *ciaccona*) é um gênero musical que utiliza como forma a variação de uma pequena progressão harmônica repetida.

Retomamos de *O modernismo como movimento cultural: Mário de Andrade, um aprendizado*,[4] de André Botelho e Maurício Hoelz, essa formulação de Starobinski sobre movimento que pretendemos testar nesta obra (Helô, a propósito, é uma das musas a quem o livro é dedicado). No entanto, desejamos radicalizar a abordagem, tomando as variações, como na música, como uma técnica formal para a narrativa do material que se altera ao longo de várias repetições e reiterações. No YouTube se poderá usufruir de uma espécie de trilha sonora que nos acompanhou na escrita deste livro, informando o método nela adotado, assistindo/ouvindo as gravações do pianista canadense Glenn Gould das "Variações Goldberg", compostas para cravo por Johann Sebastian Bach e executadas originalmente por Johann Gottlieb Goldbeg, a quem elas foram dedicadas. Variações, repetições, diferenças.

Já que estamos apresentando o método de escrita adotado, uma lição do crítico palestino Edward Said que buscamos observar e sobre a qual precisamos sempre aprender mais, é a de que "as ideias, as culturas e as histórias não podem ser seriamente compreendidas ou estudadas sem que sua força ou, mais precisamente, suas configurações de poder também sejam estudadas."[5] Seguimos esta orientação ao buscar em ação as

---

3 Idem.

4 A. Botelho e M. Hoelz, *O modernismo como movimento cultural: Mário de Andrade, um aprendizado*, 2022.

5 E. Said, *Orientalismo*, 1995, p. 31.

nuanças entre as amplas pressões da sociedade e as possibilidades de composição, "os fatos da textualidade" na obra de Heloisa Teixeira. Mas isso, como ressalta Said, não quer dizer que tal estudo estabeleça uma regra imutável sobre a relação entre cultura e política. Respeitamos seu argumento de que "cada investigação humanística deve formular a natureza dessa conexão no contexto específico do estudo, do tema e de suas circunstâncias históricas."[6] Foi o que tentamos fazer.

A leitora e o leitor não se exasperem mais com essas questões. É importante colocarmos esses problemas gerais o mais abertamente possível entre nós, autor e autora, e vocês, já na apresentação da obra. Mas não voltaremos a eles nessas formulações tão abstratas nas próximas páginas. No entanto, precisamos estabelecer um pacto biográfico para a narrativa da trajetória intelectual de Heloisa Teixeira. Esta é a nossa proposta:

O tema em torno do qual as variações de Heloisa Teixeira se desenvolvem, e a partir do qual sua trajetória em movimento se torna apreensível para nós, é a democratização da cultura no Brasil. Em seu percurso intelectual, e especialmente na construção e desconstrução do perfil da crítica que ela forja, passam e se entroncam mil e uma linhas que estabelecem movimentos reflexivos sobre a cultura da atualidade, dentro e fora da universidade, no Brasil e no exterior, em termos canônicos e rebeldes. Mas não é apenas uma diversidade temática que está em causa. Há algo a mais nesse movimento de comunicações – sempre relacionando diferenças, ligando e reconfigurando ideias, margens culturais, domínios e linguagens distintas, além de pessoas e instituições – que é notável e parece de uma ordem qualitativa diferente.

Compomos o livro a partir de cinco variações sobre a democratização da cultura. É com certa perplexidade que constatamos que Heloisa, ao longo dos mais de 65 anos de trabalho contínuo, jamais tenha se dedicado integralmente à forma

---

6 E. Said., op. cit, p. 31.

burguesa e individualista de narrativa escrita por excelência: o romance. Ela passou da epopeia para a poesia marginal (como veremos nas variações/capítulos 1 e 2, em que estudamos a formação acadêmica de Heloisa e os primeiros livros dela decorrente). Foi do clássico direto ao pós-moderno, pulando a modernidade. Mas houve acertos de contas pelo caminho. Muitos. Deu voz às mulheres – tema abordado nas variações/capítulos 3 e 4, nos quais estudamos como o seu aprendizado feminista se multiplicou em várias frentes – e ouvidos às culturas urbanas pretas e periféricas – assunto explorado na variação/capítulo 5, em que analisamos tanto a sua "virada periférica", quanto o "lugar" desta intelectual no pensamento social brasileiro –, como fez na Universidade das Quebradas, por exemplo. Helô sucumbiu à cultura digital e à ABL. E em todo o seu percurso problematizou como poucos/as a noção burguesa de autoria. A ponto de mudar o próprio nome.

As variações Heloisa Teixeira nos ajudam a perceber como crítica e vida, ambas forjadas com paixão por ela, jamais se separam. Crítica e vida, no entanto, se unem também pelo "pragmatismo", essa confiança nas ideias como instrumentos da ação. Sua atuação crítica é tocada pelas emoções, sim; mas fazer da crítica vida exige também pragmatismo nas escolhas. E isso, talvez, mais do que tudo, exige muita coragem. Vamos, então, à Heloisa que já não é Buarque: crítica-vida.

1

RAPSÓDIA PÓS-MODERNA

A IDEIA DESTE INÍCIO É ESBOÇAR os *beginnings*, seguindo Edward Said,[7] que se constituem também em *princípios*,[8] de Heloisa Teixeira, articulando elementos relevantes da sua formação e os começos da carreira de crítica. A graduação, algo convencional, própria da época, em Letras Clássicas na PUC-Rio, seu trabalho na Cátedra de Literatura Brasileira, com Afrânio Coutinho, na Universidade Federal do Rio de Janeiro (UFRJ), e suas primeiras escolhas intelectuais, que se mostrariam decisivas com o tempo: sua dissertação sobre *Macunaíma* (1928), de Mário de Andrade, e o filme homônimo de Joaquim Pedro de Andrade, de 1969. Sabemos que o tempo comporta muitas temporalidades e durações. Helô Teixeira viveu e saltou séculos, saindo de uma formação em grego clássico e caindo na principal narrativa em prosa do modernismo brasileiro, que é, no entanto, escrita em forma antiga da rapsódia, como seu autor sempre insistiu. Entre uma e outra, a exigência do momento: o Cinema Novo, que fazia parte do cotidiano de Heloisa de várias formas, com seus amigos e amores. Os diferentes mundos que viviam na jovem Helô – Grécia clássica, modernismo, o fim da democracia, o golpe de 1964 que instaurou a ditadura civil-militar e o golpe dentro do golpe que foi o Ato Institucional nº 5, decretado em dezembro de 1968 – trazem em comum, em tradução e traição, a questão central do herói e da redenção da sociedade brasileira.

DR. ALCEU

Heloisa Helena Teixeira de Souza Oliveira. Lemos a assinatura na linha 87 do livro de inscrições do vestibular da PUC-Rio para

---

7 E. Said, *Beginnings: Intentions and Method*, 1975.

8 Tal como suplementado por A. Días-Quiñones, *Sobre los principios: los intelectuales caribeños y la tradición*, 2006.

Letras Clássicas no ano de 1959. Pelo dispositivo já se depreende no que consistia um vestibular para a faculdade católica mais tradicional da cidade que vivia seu último ano de capital brasileira.

Vestibular era para poucos. Letras, ainda mais Clássicas, eram para moças de famílias burguesas. Os bons partidos, isto é, os jovens ricos ou profissionalmente promissores daquele ambiente universitário, não eram desconsiderados nos cálculos das famílias e das próprias estudantes.

E com Helô não foi diferente. Na PUC-Rio conheceu Luiz Buarque de Hollanda (1939-1999), estudante de Direito, com quem viria a se casar e ter três filhos: Luiz, André e Pedro. Foi dele o sobrenome que passou a usar desde o casamento, em 1961, até seu recente ingresso na Academia Brasileira de Letras, em 2023. Eleita com o sobrenome adotado durante mais de sessenta anos, tomou posse com o novo, Teixeira, evocando a linhagem materna. Para o jornal *O Globo*, em uma edição publicada poucos dias antes da posse, afirmou: "Não vou morrer sendo Heloisa Buarque de Hollanda. Eu não nasci assim. Quero morrer confortável, de mãos dadas com a minha mãe, que não pôde falar."[9]

Os motivos para a decisão de estudar Letras Clássicas não são claros. Em *Escolhas: uma autobiografia intelectual* prevalece uma versão que mistura seu lugar social de moça de família burguesa, a influência da mãe, Nair Teixeira de Souza Oliveira, e de uma professora do ginásio (atual ensino médio) na escolha:

> De certa forma, o destino de professora parecia já estar definido em algum nexo discursivo familiar, o qual não me sentia com poder e/ou desejo de interpelar. O magistério parecia uma carreira nobre, cujos voos, por mais ambiciosos que fossem, não se incompatibilizariam com as circunstâncias de um provável futuro de esposa e mãe de família. A eleição da área de letras clássicas, já

9 M. Fortuna, "'Não vou morrer Heloisa Buarque de Hollanda', diz uma das maiores pensadoras do feminismo brasileiro, que não quer mais ser reconhecida pelo sobrenome do marido", *O Globo*, 17 de jul. 2023.

que minha convicção não se fazia palpável ou evidente, pode ter sido influenciada pelo carisma e pela paixão profissional de Henriette Amado, minha professora de latim nos quatro anos de curso ginasial. Ou, talvez ainda, através da escolha de uma área de estudos entendida como "básica", eu estivesse ganhando tempo para futuras definições. Como faria minha mãe. Só agora falo dela, me identificando com esta estratégia. Nosso entendimento é intenso e quase silencioso.[10]

Na entrevista concedida a Antonio Herculano Lopes e Joëlle Rouchou, em 2013, a influência da professora de latim volta à tona com mais força. E aparece explicitamente, ainda que de passagem, a figura do pai.

Estudei letras clássicas porque fui aluna da dona Henriette Amado, uma supermestra no sentido maior do termo. Para mim, uma guru sensacional, uma educadora carismática e sedutora, de quem eu copiava até as roupas. Me lembro que ela tinha uma saia que era assim: um macho e uma preguinha, um macho e uma preguinha. Para eu explicar isso para a costureira foi uma loucura, mas eu tinha que ter uma saia igual à da dona Henriette. Como ela era minha professora de latim e meu pai queria/sonhava em me ver uma intelectual ou professora universitária (não muito arrojada...), fui, pelo menos, estudar letras clássicas.[11]

Como Heloisa tem repetido em entrevistas que ingressou no curso de Letras em 1956, ano confirmado pelo seu currículo Lattes, embora nos registros e documentos que encontramos na PUC-Rio conste o ano de 1959, ficaremos (por enquanto?) sem saber o que exatamente ela teria feito nesse ínterim. "Fiquei na praia?", respondeu numa mensagem de WhatsApp com seu

10 H.B. de Hollanda, *Escolhas: uma autobiografia intelectual*, 2009, p. 33-34.

11 H.B. de Hollanda, "Entrevista concedida a Antonio Herculano Lopes e Joëlle Rouchou", in *Escritos: revista da Casa de Rui Barbosa*, 2013, p. 351.

bom humor conhecido, quando indagada pelo autor André Botelho sobre onde estava entre 1956 e 1958. No começo de 1956, Heloisa tinha dezesseis anos. Outra troca de mensagens, quando esse texto já estava escrito, esclarece: "formatura do [Colégio] Sion: 1958. conferi com dois colegas." Neste caso, os documentos não mentiram.

Mas as datas de formatura batem. 1961. Formada, casada e com seu primeiro filho, ela parte em 1963 para os Estados Unidos, onde Luiz faria mestrado em Direito Internacional em Harvard.

Por lá, de início, Heloisa assiste a aulas de língua e literatura gregas como ouvinte, o que parece indicar, então, uma tentativa de especialização na área em que havia se formado. No entanto, ela acaba indo trabalhar como assistente de pesquisa no Instituto de Estudos Latino-americanos, sob a orientação de Dean William Barnes.

Barnes parecia reunir as qualidades que interessariam tanto a Luiz Buarque quanto à sua jovem esposa. Formado em Government pela Universidade de Yale, em 1939, Barnes ingressou no mesmo ano na Faculdade de Direito de Harvard, mas teve que interromper os estudos para servir ao Exército durante a Segunda Guerra Mundial. Terminada a guerra, voltou para Harvard, e logo depois continuou os estudos na Universidade de Genebra, onde concluiu o doutorado, em 1957, sobre Direito e assuntos internacionais. Barnes tinha grande interesse nas relações jurídicas latino-americanas e chegou a renunciar ao cargo de vice-decano, que ocupou entre 1955 e 1964, para se concentrar nos "estudos latino-americanos" em Harvard.

Desde a Revolução Cubana (1953-1959), como se sabe, a América Latina estava em alta na pauta de interesses acadêmicos, políticos e militares dos Estados Unidos. Defendendo a criação de um Centro de Assuntos Interamericanos na Nova Inglaterra, Barnes argumentava em uma matéria de um jornal de Harvard: "Deveria ser possível consolidar o trabalho de pesquisa sobre estudos latino-americanos para que aqueles que trabalham na área possam se manter em contato uns com os outros e tirar proveito do considerável acúmulo de conhecimento."[12]

Talvez não houvesse ainda em Harvard um grande nome brasileiro nos anos de Heloisa, mas sem dúvida Francis Rogers, professor de línguas e literaturas românicas, era uma referência obrigatória naquele momento. Descendente de lusitanos, ele se destacou no estudo da história da expansão portuguesa, e em 1940, já em Harvard, obteve seu PhD com um estudo sobre a pronúncia nos Açores e na Madeira. Visitou o Brasil em 1941 e também lutou na Segunda Guerra Mundial. De volta a Harvard, em 1945, começou a trabalhar como instrutor de línguas e literaturas românicas, como professor associado (até 1952), depois catedrático e, em 1977, passou a ocupar a Cátedra Nancy Clark Smith de língua e literatura de Portugal, que manteve até 1981, ano em que se tornou emérito.

Indagada se conheceu Rogers em seus anos de Harvard, Helô responde no WhatsApp: "como vc chegou ao Rogers? meu Deus!! ele implicava pq eu queria fazer um manual de português para estrangeiros e ficava reclamando: *'take you boat out of my bay!'*."

Refazendo o destino de certo tipo de intelectual brasileiro, Heloisa reconhece em seu memorial de titularidade, incluído na primeira parte de *Escolhas*, que também redescobriu o Brasil de longe, desde fora: "Esta descoberta torna-se uma eleição, um campo de estudos do qual nunca mais me separaria."[13] Não dá muita atenção às aulas de grego nos Estados Unidos, em que nós, por nossa vez, ainda ficaremos de olho. Mas, como muitos brasileiros, é lá que ela se descobre latino-americana, participando dos ainda incipientes programas interdisciplinares de estudos latino-americanos em uma universidade de ponta.

---

12 D. Barnes, "Barnes Leaves Law School To Work on L.A. Studies", in *The Harvard Crimson*, 1964.

13 H.B. de Hollanda, *Escolhas: uma autobiografia intelectual*, 2009, p. 36.

Os inícios dos chamados Latin American Studies convergem com os *beginnings* de Heloisa Teixeira. A respeito da ida aos Estados Unidos, ela afirma na entrevista que abre o livro *Onde é que eu estou?*:

> Aí comecei a me inscrever em cursos de grego e trabalhar como assistente de pesquisa no Instituto de Estudos Latino-Americanos e lá me apaixonei pela política e pela urgência da realidade. Acabou aí minha carreira com o grego. Era uma época incrível, Janis Joplin cantava em Cambridge, Kennedy morreu durante esse período, Fidel Castro, Vietnã... Saiu o grego, entrou o Brasil, a América Latina, *mais fortes ainda porque vistos de longe* (grifos nossos).[14]

Mas não vamos deixar o grego morrer. Voltemos a ele no Rio de Janeiro. O curso de Letras Clássicas da PUC-Rio era composto por três séries, ou anos. Em 1959, ano em que Heloisa começou a faculdade, estudava-se na primeira série língua latina, língua grega, literatura portuguesa e filosofia da religião. No segundo ano, novamente latim e grego, e iniciavam-se os estudos de língua portuguesa e das literaturas grega, latina e brasileira. Apologética completava o quadro de disciplinas dessa série. Na última, concluíam-se as línguas latina, grega e portuguesa, além das literaturas grega e latina, filologia românica e dogma. Já as disciplinas didática especial de português e latim percorriam todo o curso.

A grande personalidade do curso de Letras da PUC-Rio era, sem dúvida, Alceu Amoroso Lima. Aliás, doutor Alceu, como era conhecido, já era uma das figuras centrais de todo o século XX brasileiro e, nesta época, estava prestes a realizar talvez a mais radical das muitas mudanças que protagonizou em sua longeva vida: tornar-se uma das principais vozes contra a ditadura militar que se avizinhava.

14 H.B. de Hollanda, "Entrevista", in *Onde é que eu estou? Heloisa Buarque de Hollanda 8.0*, 2019, p. 12.

Formado pela Faculdade Livre de Ciências Jurídicas e Sociais do Rio de Janeiro em 1913, a juventude de Alceu foi forjada entre fracassos. Primeiro, o da Campanha Civilista, como ficou conhecida a campanha presidencial de Rui Barbosa nas eleições de 1910. Este nome deixava evidente que Rui representava a alternativa civil à candidatura do marechal Hermes da Fonseca, porém o militar acabou vencendo o pleito. A adversidade maior, no entanto, foi a eclosão da Primeira Guerra Mundial em 1914, justamente na época em que Alceu passava uma temporada em Paris, como membro da elite carioca que era.

Alceu mostrou-se, desde cedo, muito propício a falar em nome da sua geração. E fez isso por toda a vida. Os fracassos vividos teriam levado ele e a sua geração a estabelecer uma relação pragmática, mas patriótica entre cultura e política, como reação à crise de valores pela qual passava a sociedade do Ocidente, em geral, e a sociedade brasileira em particular. É interessante como esse pragmatismo acaba por se desdobrar numa personalidade extremamente persistente, mas plástica, levando-o a experimentar contínuas mudanças e a assumir posições distintas no espectro ideológico do século XX.

Primeiro, convertido ao catolicismo por Jackson de Figueiredo em 1924, Alceu aproximou-se perigosamente da direita católica francesa e mesmo do integralismo brasileiro. Desempenhou papéis importantes de liderança do laicato do Brasil, pressionando governos e a opinião pública a favor dos valores e interesses católicos à frente do Centro Dom Vital e da revista *A Ordem*. Instaurada a ditadura civil-militar no país com o golpe de 1964, Alceu Amoroso Lima se consolidou como uma voz influente, valendo-se da ampla legitimidade angariada pelos anos de militância católica no Brasil e no exterior (incluindo o Vaticano, onde trabalhou).

Isso lhe garantiu um espaço único em meio à imprensa fortemente censurada para se contrapor à ditadura, denunciando os crimes cometidos pelo regime e defendendo a "liberdade" – uma causa que parece, sim, algo genérica; porém, naquele contexto, no qual as violências institucionais físicas e simbólicas inimagináveis praticadas pelos militares persistiam, sabia-se claramente contra quem as palavras de Alceu eram direcionadas.

Além disso, ele repensou suas posições teológicas, aproximando-se, após o Concílio Vaticano II, da Teologia da Libertação. Também reavaliou as próprias posições políticas e abraçou a causa da justiça social, denunciando as sempre extremas e imorais desigualdades sociais brasileiras.

Esse "pragmatismo" para atender aos desafios do seu tempo, no lugar de uma existência subjetiva e profissional mais protegida dos influxos externos do contexto imediato, está na base da formação e trajetória de Heloisa Teixeira. O título da carta aberta enviada por Alceu, em 1928, a outro Buarque de Holanda, Sérgio, o primo de Luiz que viria a ser o autor de *Raízes do Brasil* (1936) e pai do compositor, cantor e escritor Chico Buarque de Holanda, bem serviria de mote para nossa discussão sobre a Helô. Na célebre carta "Adeus à Disponibilidade", Alceu formaliza sua escolha pelo pragmatismo, afirmando uma inevitável "passagem da primazia do literário ao ideológico. Do primado da crítica estética à crítica filosófica",[15] exigida por aqueles tempos e pela sociedade brasileira da época.

A relação de Heloisa com o pragmatismo político dos anos 1960 será discutida no segundo capítulo, mas já apontamos para as leitoras e os leitores que o aspecto decisivo passará a ser a organização política do povo. É justamente na PUC-Rio que Heloisa faz amizade com Cacá Diegues, Davi Neves, Arnaldo Jabor, Paulo Pontes e Vianinha (Oduvaldo Vianna Filho), que integraram os Centros Populares de Cultura (CPCs)[16]. Eles se tornam

---

15 A.A. Lima, "Adeus à disponibilidade literária", in *Teoria, crítica e história literária*, 1980, p. 386.

16 Ligado à União Nacional dos Estudantes (UNE), o primeiro CPC surge no Rio de Janeiro em 1961.

seus companheiros de viagem e sujeitos da sua tese de doutorado, como também veremos adiante.

O verbo que Heloisa utiliza para se referir à turma é curioso: "Assistia, pela primeira vez, a discussões tórridas sobre cultura e política."[17] "Assistir", e não "participar". Vale adiantar também, até como exemplo de como o movimento em Heloisa envolve uma permanente inquietação em relação a suas escolhas contingentes, que a crítica e a autocrítica que ela fará da sua geração – primeiro, na sua tese de doutorado (aliás, como se fosse esse o lugar canônico para tal!) – se desdobram e se suplementam a partir de novas experiências e compreensões.

Na tese, a crítica será direcionada, sobretudo, à ideia romântica de missão do intelectual da ideologia nacional-popular que ela assumiu. Mais recentemente, ela tem acrescentado novas camadas de significados, como a de gênero. Assim, suplementando a afirmação "Assistia, pela primeira vez, a discussões tórridas sobre cultura e política", ela declarou em um *podcast* que não tomava parte nas discussões, apenas assistia, sem perceber ainda os limites impostos pelo gênero naquele círculo: o Cinema Novo era o "clube do Bolinha", nas palavras dela, e às mulheres só cabia o papel de musa.[18] Essas são apenas cenas do próximo capítulo. Voltemos ao dr. Alceu.

Heloisa formulou e expressou sua admiração por Alceu Amoroso Lima em um dos seus filmes documentários, *Dr. Alceu*, de 1981.[19] Uma espécie de trilogia que envolve ainda documentários sobre Joaquim Cardozo, de 1977, e Raul Bopp, de 1976 (este para a TVE, TV Educativa do Rio de Janeiro), nascidos, os três filmes, de cursos experimentais que ela ministrou na Faculdade de Letras da UFRJ. Citamos aqui a sinopse do média-metragem

---

17 H.B. de Hollanda, *Escolhas: uma autobiografia intelectual*, 2009, p. 35.

18 H. Teixeira e A. Lima. "Atentas e fortes", in MHz Podcast, 2024.

19 A ficha técnica e o link para assistir ao documentário estão disponíveis no Acervo do Centro Técnico Audiovisual: <https://www.gov.br/ctav/pt-br/noticias/dr-alceu>. Acesso em 29 out. 2024.

produzido pela Embrafilme, com roteiro e direção de Heloisa e direção de fotografia e som de João Carlos Parreiras Horta, com quem ela se casou em 1973 e viveria junto por cinquenta anos:

> Alceu Amoroso Lima, também conhecido como Tristão de Athayde, revela de forma descontraída os acontecimentos e as personalidades que influíram em sua trajetória de pensador, sociólogo, escritor, jornalista e crítico literário. Autor de 75 livros, combinou a atividade de escritor com 60 anos de militância no jornalismo, dedicando-se com o passar do tempo a temas voltados para o aperfeiçoamento da sociedade. Na condição de maior líder espiritual laico da América Latina, dr. Alceu manifesta sua inquietação e angústia com os rumos da humanidade, ameaçada pela miséria e a violência. Na velhice torna-se católico liberal, e exerce grande influência nas posições corajosas da Igreja brasileira, saindo da sacristia e indo para as praças, em busca de justiça e liberdade para os oprimidos. O pseudônimo Tristão de Athayde nasceu com a crítica literária, quando publicou o livro "Afonso Arinos".[20]

O aspecto que mais nos chama a atenção no documentário de 1981 é uma espécie de entrelaçamento geracional que se dá no encontro da câmera (isto é, da diretora) com o crítico consagrado. Alceu Amoroso Lima reconstitui sua trajetória de militância para ela. A câmera o acompanha pelas ruas de Petrópolis, cidade localizada na serra fluminense, onde Alceu recriou sua casa de infância do Cosme Velho na Mosela. Nela, hoje transformada no Centro Alceu Amoroso Lima para a Paz, ele percorre estantes, abre arquivos, cartas e com uma simpatia contagiante se diz encantando com a nova geração, a de Heloisa.

A música "Refavela" (1977), de Gilberto Gil, como fundo é um susto e uma espécie de suspensão do tempo, destacando a aproximação do velho senhor, que tantas batalhas e fracassos

---

20 A.L da Silva Neto, *Dicionário de filmes brasileiros*, 2002.

viveu, aos jovens da produção cinematográfica e de seu público do Cinema Novo. Sobre o documentário, Helô lembra:

> O Alceu escreveu uma coluna interessantíssima, dizendo assim: "Tem uma garotada agora que está com uma proposta diferente de política, vejo uma luz no fim do túnel." Aí eu não hesitei: "Vamos filmar esse cara". Fiz o filme, que deu até um subproduto que foi o documentário sobre o Asdrúbal [trouxe o trombone] que foi feito por causa do dr. Alceu.[21]

A afirmação de um papel social do intelectual, a noção de uma missão problemática desse personagem e a adoção de uma visão pragmática sobre esse papel, bem como a feição da crítica que ele deve assumir, mesmo na literatura, não foram os únicos legados do dr. Alceu para sua aluna na PUC-Rio. Coube ao catedrático de literatura brasileira ministrar cursos sobre o modernismo e apresentar *Macunaíma* à Heloisa. Alceu, cujo pragmatismo o fez levar a sério o modernismo já durante sua eclosão nos anos 1920, perscrutando suas raízes, programas e sentidos possíveis na longa duração da literatura e da crítica literária brasileira, sob o pseudônimo de Tristão de Athayde, foi também o principal informante sobre o modernismo da nossa biografada. Numa troca de conversa de WhatsApp com André Botelho, Helô comenta sobre as aulas de Alceu: "Ele era especialista em modernismo... Tudo tipo 'eu vi, eu estava lá'. Incrível." Essa parece mesmo ser uma declaração comum do professor, pois ela aparece também no filme *Dr. Alceu* a respeito do modernismo: "Meninos, eu vi!".

A expressão, parodiando Gonçalves Dias, na verdade esconderia uma categoria central no pensamento de Alceu Amoroso Lima para Heloisa. É a "Categoria da Presença". Uma espécie de comunicação performática que afeta o interlocutor numa

---

21 H.B. de Hollanda, "Entrevista", in *Onde é que eu estou? Heloisa Buarque de Hollanda 8.0*, 2019, p. 20.

espécie de materialidade da comunicação, a qual cria a possibilidade de a dimensão fática superar a dimensão semântica (isto é, o binômio sujeito-objeto). Como Heloisa contou a Caroline Tresoldi:

> Alceu Amoroso Lima, sobre quem fiz um filme, falava muito da "Categoria da Presença". Ou seja, uma categoria de análise que levava em conta a força da presença de alguém que impacta o interlocutor de tal forma que promove alguma mudança em sua trajetória. É comum ver como Alceu narra sua vida a partir desses encontros/presenças.[22]

A MINERVA

Atualmente professora emérita da Universidade Federal do Rio de Janeiro, é impossível pensar a história de Heloisa Teixeira sem a UFRJ. E são tantas e tão relevantes as suas contribuições à universidade por mais de 50 anos que também a sua história está marcada pela Helô. Estão na Faculdade de Letras e na Escola de Comunicação, onde lecionou por décadas, mas, especialmente, na inovação da pesquisa e na consolidação da extensão da universidade como um todo.

Teremos adiante a oportunidade de conhecer algumas das suas iniciativas mais significativas, como a criação do Centro Interdisciplinar de Estudos Contemporâneos (CIEC), do Programa Avançado de Cultura Contemporânea (PACC), da Universidade das Quebradas (UQ) e outras. Vejamos agora mais detidamente seus anos iniciais na UFRJ. Mas, marquemos desde já algo que pode até parecer trivial, mas está longe de ser: Helô sempre adorou estar em sala de aula! Preparava suas aulas com esmero,

---

22 C. Tresoldi, *Rachel de Queiroz & mais: conversa com Heloisa Buarque de Hollanda*, 2023.

não apenas em termos de conteúdo, mas sempre testando, levando ao limite o que sabia, o que se sabia em termos pedagógicos, para fazer da sala de aula um laboratório aberto à inovação. Um espaço não só para aprender, mas para todos e todas aprenderem a aprender.

A história de Heloisa Teixeira com a UFRJ começa no final de 1964. Logo após voltar de Harvard, impactada, como vimos, pela redescoberta do Brasil, Heloisa procurou Afrânio Coutinho em busca de uma oportunidade para trabalhar com ele e com literatura brasileira, mesmo que a princípio sem remuneração. No mesmo ano, começou a ministrar aulas de estética do cinema na PUC-Rio, faculdade à qual permaneceu ligada até o fim de 1965.

Coutinho era baiano e médico de formação, como o pai de Heloisa, Alberto Souza Oliveira. Eles se formaram no mesmo ano em Salvador, na tradicional Faculdade de Medicina da Bahia, em 1931. Dr. Alberto, como era chamado, foi diretor do Instituto de Puericultura e Pediatria Martagão Gesteira na UFRJ.

Helô jura que só contou quem era seu pai para Coutinho quinze anos depois da primeira vez que se falaram, quando defendeu sua tese de doutorado, em 1979. Talvez nem precisasse, pois contava com tão boas credenciais pessoais, e também profissionais, tendo acabado de voltar de um programa pioneiro de estudos latino-americanos em Harvard. Seja como for, Coutinho a aceitou como assistente na Cátedra de Literatura Brasileira da Faculdade Nacional de Filosofia da, na época, Universidade do Brasil, hoje Universidade Federal do Rio de Janeiro. Heloisa fez um curso de especialização em literatura brasileira com ele entre 1964 e 1965, e logo passou a ser sua assistente em cursos sobre Graciliano Ramos, José de Alencar e Lima Barreto.

Até a Reforma Universitária de 1968, implementada quando a lei nº 5.540 de 28 de novembro de 1968 entrou em vigor no Brasil, no regime ditatorial militar, não existiam os atuais departamentos na universidade pública brasileira, até então uma unidade institucional típica do sistema de ensino superior estadunidense. Nossas universidades estavam acadêmica e administrativamente organizadas por Cátedras (ou Cadeiras) de disciplinas e áreas de conhecimento, sob a liderança quase incontrastável do professor catedrático, o qual definia as atividades e mesmo a contratação dos docentes e pesquisadores, numa estrutura, portanto, mais hierárquica e vertical do que a atual.

Afrânio Coutinho sucedeu ninguém mais, ninguém menos do que Alceu Amoroso Lima, a quem já tivemos a oportunidade de conhecer. Após voltar ele mesmo de uma estadia de cinco anos de trabalho e estudos nos Estados Unidos, Coutinho fez concurso para livre-docente da Cadeira de Literatura Brasileira na Faculdade Nacional de Filosofia da Universidade do Brasil, em 1958. Em 1963, após a aposentadoria de Alceu, foi nomeado professor catedrático interino de literatura brasileira. Em 1965, após prestar um concurso, foi nomeado catedrático efetivo. Sua contribuição institucional é inestimável. Uma das primeiras incumbências de Coutinho foi separar o curso de Letras do de Filosofia, criando a Faculdade de Letras da UFRJ, que dirigiu de 1968 até 1980, quando se aposentou. Como diretor, foi o responsável por solicitar o credenciamento dos cursos de mestrado e de doutorado na Faculdade de Letras, entre eles o de Letras Vernáculas. Criado em 1970, o curso abrangia três áreas: Língua Portuguesa, Literatura Brasileira, onde o diretor atuaria mais diretamente na formação de novos quadros, e Literaturas Portuguesa e Africanas.

O papel institucional desempenhado por Afrânio Coutinho convergia, de certo modo, com o plano programático intelectual que ele conduzia naqueles anos. Ele se notabilizou por se contrapor, de um lado, ao que chamava de sociologia literária (mas não sociologia da literatura, subárea voltada para as pesquisas das condições sociais contextuais mais amplas da literatura) e, de outro, ao impressionismo da prática da crítica literária que ainda vigorava na imprensa brasileira. No período em que morou nos Estados Unidos, entre 1942 e 1947, Coutinho se familiarizou pioneiramente com o chamado *new criticism*, que definia a fatura estética como domínio literário e, assim, da própria atividade da crítica.

Geralmente contraposto ao crítico literário Antonio Candido de Mello e Souza, que chegou a atuar profissionalmente na área de Sociologia e desenvolveu uma abordagem sociológica da literatura e de sua história no Brasil em universidades estaduais paulistas, Afrânio Coutinho, no Rio, lutava pela afirmação da autonomia do estético e do literário. É curioso como, em testemunhos e ensaios autobiográficos, ele insista que não apenas lhe coubera trazer o *new criticism* para o Brasil; também reivindica ter introduzido no país o formalismo russo, o qual chamava de "eslavo".[23] Seja como for, Coutinho representava uma renovação intelectual com forte apelo entre os jovens da época.

Além de chefe na Cátedra, Afrânio Coutinho foi orientador tanto da dissertação de mestrado de Heloisa em Literatura Brasileira, defendida em 1974, quanto da tese de doutorado, apresentada cinco anos depois. Ela sempre se refere a ele com gratidão pela liberdade com que a orientou e permitiu que trabalhasse em literatura. Embora seja possível tentar traçar algumas relações de sentidos intelectuais entre os dois, a tarefa foge do escopo deste livro. E também não é muito promissora. As leituras e as discussões feitas em grupos de estudos parecem, pelos relatos de Heloisa, terem sido mais decisivas na trajetória da intelectual, como veremos logo mais.

Vale assinalar, de todo modo, como a visão de Afrânio Coutinho sobre a literatura, centrada na estética, acabou por abrir, paradoxalmente, muitas possibilidades para Heloisa, que, por sua vez, sempre se mostrou mais interessada na literatura como prática e como cultura numa sociedade do que no literário como domínio autônomo e específico da estética.

---

23 A. Coutinho, *Crítica de mim mesmo*, 1984.

É nossa hipótese que há ambiguidades e possibilidades de desdobramentos mais plurais do pensamento de Coutinho, para além do questionamento sobre qualquer determinação da literatura pelo contexto histórico e social – e especialmente pelo contexto econômico, à época vulgarizado em leituras hegemônicas do marxismo, também ele muito presente na universidade. Por exemplo, por ter decidido não trabalhar com a noção funcionalista de literatura como "sistema" de Antonio Candido e, no fundo, com o aperfeiçoamento progressivo do romance que se forma com Machado de Assis, Afrânio Coutinho acaba problematizando e abrindo "brechas" na visão sintética exposta por Candido em sua célebre obra *Formação da literatura brasileira: momentos decisivos*, de 1959.

A autonomia do literário lhe permite, de modo quase surpreendente, captar a diversidade, no tempo e no espaço, assim como a diferença da literatura europeia produzida *no* Brasil, que tem seu gesto colonial inaugural na Carta de Pero Vaz de Caminha. Não será por acaso que seus mais conhecidos livros tenham o título de *A literatura no Brasil* (1955-1959) e não "A literatura brasileira". A visão mais exigente e ao mesmo tempo potencialmente mais aberta do literário de Coutinho assume uma forma radical em uma das memórias de Heloisa:

> O Afrânio Coutinho, por exemplo, a cada vaga na ABL, propunha a Janete Clair como candidata e era vaiado. E ele fazia isso convicto. Por isso que eu gostava dele. Eu me lembro dele propondo e eu rindo.[24]

Mais uma vez, o pai Alberto e o chefe e orientador Afrânio se encontram e se misturam:

---

24 H.B. de Hollanda, "Entrevista", in *Onde é que eu estou? Heloisa Buarque de Hollanda 8.0*, 2019, p. 33.

Trabalhando com Afrânio, fui admitida como professora colaboradora e, um ano mais tarde, em 1965, efetivada na UFRJ como professora auxiliar de ensino. Como com meu pai, admirava e me confortava com sua projeção intelectual, sua competência, sua autoridade profissional, e discordava de algumas de suas opiniões literárias e políticas. Como acontecia com meu pai, Afrânio fingia não perceber estas discordâncias e me garantia uma indiscutível liberdade de movimento. *Investi na brecha* (grifo nosso).[25]

Na brecha, na universidade, nas brechas da universidade, Heloisa viveria ainda por muito tempo. Para nós, ela encarna o próprio símbolo da UFRJ: a nossa Minerva.

Falamos que os grupos de estudos entre colegas, em geral práticas mais horizontais do ponto de vista pedagógico, são mais marcantes na formação intelectual de Heloisa Teixeira do que propriamente o legado dos seus professores. Isso não é um fato isolado na sua geração. Esses grupos fizeram a história intelectual universitária dos anos 1960-1970, também porque a universidade estava sufocada com a perseguição ideológica autoritária da ditadura militar. "Células" não apenas políticas, mas também intelectuais, então se multiplicavam. Resistência e resiliência. Interpretar o mundo com rigor para mudá-lo com radicalidade.

Há o famoso seminário sobre o *Capital*, ocorrido na Universidade de São Paulo (USP) entre o fim de 1950 e o início de 1960, que congregou jovens professores e estudantes com o objetivo de ler criticamente a obra de Marx. O filósofo José Arthur Giannotti liderou o grupo com o método de leitura *close reading* (leitura cerrada), reunindo os sociólogos Fernando Henrique Cardoso e Octavio Ianni – então orientandos de Florestan Fernandes na Cadeira de Sociologia I –, o historiador Fernando Novais, o economista Paul Singer e alguns alunos

---

25 H.B. de Hollanda, *Escolhas: uma autobiografia intelectual*, 2009, p. 37.

então considerados promissores, como Bento Prado Jr., Francisco Weffort, Michael Löwy e Roberto Schwarz.

Em um texto sobre esse seminário, o crítico literário Roberto Schwarz sugere que a contribuição do grupo aparece em diferentes trabalhos desenvolvidos por seus integrantes, especialmente em suas teses de doutoramento, cuja novidade teria sido conciliar e articular as especificidades sociológicas e políticas do contexto brasileiro ao movimento mais geral da sociedade contemporânea, referente ao fluxo do capital mundial. Salienta também que Giannotti trouxe a ideia do grupo da França, quando pôde usufruir das discussões do grupo *Socialisme ou Barbarie* (Socialismo ou Barbárie, em português). Em ambos os contextos, o *close reading* consistia numa leitura atenta e minuciosa dos textos, por meio da qual se deve explicar, como diz Roberto Schwarz, "palavra por palavra, argumento por argumento, em vista de lhes entender a arquitetura."[26]

Em depoimentos mais recentes, Roberto Schwarz tem acentuado a experiência de um segundo Seminário sobre o *Capital*, este muito menos famoso.[27] Os encontros, reunindo uma nova geração que estava se formando na USP e dando seus primeiros passos profissionais, começaram em 1963 e ganharam contornos com a politização que se seguiu com o golpe em 1964. Dele participaram o próprio Roberto, um dos elos entre os dois seminários, Ruy Fausto, Marilena Chauí, Emília Viotti, João Quartim de Moraes, Emir Sader, entre outros. Além de o contexto político ser outro, Roberto observa que uma das diferenças em relação ao primeiro seminário era que seus integrantes estavam menos interessados em produzir teses acadêmicas. O esquema, no entanto, era semelhante: liam e discutiam atentamente várias páginas a cada duas semanas.

---

26 R. Schwarz, "Um seminário de Marx", in *Sequências brasileiras: ensaios*, 1999, p. 91.

27 R. Schwarz, "Entrevista", in *Margem Esquerda*, 2023.

Leitura cerrada, atenta e sistemática de textos era também o método dos grupos criados e/ou integrados por Heloisa Teixeira no Rio de Janeiro na segunda metade da década de 1960. Um deles começou com leituras dos marxistas (Lukács, Goldmann e Gramsci); outro ficou conhecido como "o BBB da Helô" (bem antes da sigla dar nome ao programa de TV de imenso sucesso). Heloisa se refere a esses grupos em *Escolhas* e em várias entrevistas e documentários sobre a época. Ana Maria Machado, que também participou deles, lembrou-se da importância das discussões realizadas neles no discurso de recepção à amiga na Academia Brasileira de Letras, em 2023.[28] Elas contam que, junto com o poeta Cacaso (Antonio Carlos de Brito), Clara Alvim e outros visitantes, costumavam se reunir semanalmente, quase sempre no apartamento (do pai) do Cacaso na Avenida Atlântica. Helô morava no Cosme Velho e às vezes também recebia o grupo de colegas para as discussões.

A ideia dessa turma era ler e debater autores que ofereciam diversas perspectivas e instrumentos de análise para o exame dos textos literários. Por isso, o programa de leituras era amplo: dos formalistas russos aos marxistas Lukács, Goldmann, Gramsci, passando muito especialmente por Erich Auerbach – espécie de "autor de cabeceira" do grupo. Nessas reuniões surgiu o "BBB da Helô": o grupo de leitura dedicado a Walter **B**enjamin, Roland **B**arthes e Mikhail **B**akhtin. Em meio às intensas discussões e trocas com colegas, Heloisa deixava de lado o *new criticism* de Afrânio Coutinho e encontrava suas próprias interlocuções teóricas.

A verdade verdadeira é que a Helô sempre adorou ler e estudar junto com amigas e amigos; nunca parou, mesmo. No exato momento em que escrevemos essa frase duvidamos que ela não esteja em casa, estudando (se bem que pela hora, é provável que

---

28 A.M. Machado, "Discurso de recepção a Heloisa Buarque de Hollanda (ou Teixeira)", 2023.

esteja assistindo a novelas). Helô parece estar incansavelmente atrás de novas leituras, de novas perguntas, de novas interlocuções. Em suas casas – escrevemos no plural porque ela adora fazer obras e mudar de casas –, tem sempre um mesão com pilhas e mais pilhas de livros, suas múltiplas leituras da vez, sobretudo poesia e teoria; mas onde também sempre se come bem.

O grupo carioca, embora menos multidisciplinar em relação aos seus participantes, parece bem mais aberto ou mesmo eclético em relação ao programa intelectual e a atualização bibliográfica do que o(s) seu(s) congênere(s) paulista(s), mais focado(s) na leitura exegética da obra principal de Marx. Havia comunicação entre eles? Cacaso, sem dúvida, foi um elo entre Roberto Schwarz e Heloisa – Roberto, a propósito, está em *26 poetas hoje* (1976), a primeira das muitas antologias organizadas pela Helô.

Roberto contou a Caroline Tresoldi que, quando estava editando a revista *Teoria e Prática* (1967-1968), uma espécie de derivação do segundo seminário que se colocava claramente contra a ditadura, ele viajava ao Rio para procurar colaborares (como Cacaso, Francisco Alvim e Ferreira Gullar).[29] Foi principalmente Cacaso, que ele já havia conhecido em São Paulo, que o apresentou a outros poetas e intelectuais do Rio. Quantas indicações de leituras podem ter surgido desses encontros? Isso não sabemos, mas o fato é que as circunstâncias da ditadura criavam elos à primeira vista improváveis entre paulistas e cariocas.

De qualquer maneira, o que queremos destacar é que ambos os grupos adotavam a mesma metodologia de leitura, a qual definia seus participantes como *close readers*. A diferença mais gritante entre eles é a proporção dos gêneros: o grupo carioca reunia mais mulheres, jovens professoras em início de carreira na UFRJ e na PUC-Rio; o paulista, ao contrário, era quase exclusivamente masculino, sobretudo no primeiro seminário, que

---

29 Entrevista concedida a Caroline Tresoldi, em sua casa em São Paulo, dezembro de 2016. (N.E.)

contou com a participação muito discreta de apenas uma mulher, Ruth Cardoso, então jovem antropóloga e já casada com Fernando Henrique.

As moças do Rio tinham que compatibilizar a leitura cerrada dos textos com seus afazeres domésticos, cuidados com o marido, os filhos e outros, e era comum e praticamente inevitável que precisassem levar suas crianças para os encontros noturnos – e que estas também acabassem se fazendo ouvir. Como mulheres, as intelectuais eram desde o início da carreira confrontadas com a distinção convencional entre público e privado, profissional e pessoal, que insistia em não fazer sentido em suas vidas cotidianas. Como conta Helô sobre esse período:

> Eu, com meu terceiro filho, Pedro, recém-nascido. Clara, dividida entre os estudos, as aulas e a arte de enfrentar correrias e passeatas carregando uma gravidez de quase nove meses. [...] É nesta época que começo a perceber e assumir com mais firmeza um papel intelectual e definir posições políticas mais claras. Não creio, entretanto, que meu caso seja singular. A lembrança que hoje tenho dos idos de 1960, momento decisivo na construção de nossas identidades profissionais e de gênero, é a de uma experiência feminina fundamentalmente coletiva, entre o temor das grandes mudanças comportamentais e políticas e o impulso irrecusável em direção ao questionamento e à transformação de nossas vidas privadas e públicas. De certa forma, todas nós ouvimos – com uma atenção muito especial – um slogan que vinha de longe e que dizia "o pessoal é político".[30]

Nos relatos sobre suas descobertas e afinidades teóricas iniciais, Heloisa destaca também um curso sobre os pensadores da Escola de Frankfurt ministrado por José Guilherme Merquior no Consulado da Holanda, em meados dos anos 1960, "uma estranha cenografia que tornava mais atraente o entusiasmo retórico

---

30 H.B. de Hollanda, *Escolhas: uma autobiografia intelectual*, 2009, p. 39.

e a erudição do jovem professor semi-desconhecido." Walter Benjamin a interessou de imediato:

> Notava a elegância de sua linhagem proustiana, o angustiado compromisso com sua época, sua arriscada defesa da unidade da experiência, o pioneirismo de seu estilo acadêmico. Principalmente, o estilo. Que sentidos, que nexos lógicos não estava conseguindo perceber por trás daquela fascinante engenharia da citação? Me admirava com ousadia antitotalitária e antiacadêmica de seu "ensaio-como-forma" no qual não era possível definir mais as fronteiras entre a radicalização filosófica e o apuramento da crítica social.[31]

A citação é incrível e muito precisa para quem conhece ou está conhecendo o trabalho que Heloisa vem desenvolvendo ao longo de décadas. Sua crítica é, sobretudo, uma crítica da cultura e do presente. Como estamos destacando, ela salta dos estudos clássicos para o pós-moderno, no qual autoria, literário e estético são categorias em crise permanente. Por isso, rever sua trajetória intelectual é constatar sua contribuição para a inteligibilidade do novo, para a ampliação do campo da cultura no Brasil e para o reconhecimento dos seus diferentes atores sociais. E também para a impossibilidade de compreender o literário como especialidade burguesa. Daí as múltiplas frentes e espaços heterodoxos em que a sua crítica da cultura vai se realizando: em sala de aula, nas páginas de jornal, em editoras, em salas de exposições, em sets de documentários cinematográficos e televisivos.

Walter Benjamin, o pensador das passagens, não só assume para Heloisa o papel de um detonador de fronteiras disciplinares – fronteiras que se tornavam cada vez mais rígidas com a institucionalização da vida acadêmica no Brasil –, mas também promove o encontro da sua curiosidade aguda com uma teoria

---

31 Idem, p. 45.

que nunca se conclui. Ao contrário, está sempre reabrindo as perguntas mais difíceis de serem respondidas a cada novo indício encontrado, a cada novo passo dado.

Lendo e discutindo Benjamin, traduzido em apostilas para as aulas de Merquior, Heloisa terá aprendido o múltiplo e o fugidio em que a cultura existe alegoricamente. E, aliás, é muito sintomática a leitura de Heloisa da noção de alegoria em Benjamin:

> [...] meu interesse pela noção de alegoria veio de seu próprio sentido etimológico: dizer o outro. A alegoria, marca da História percebida como *paixão do mundo*: dolorosa e inacabada, significativa apenas na medida em que se arruína; face artística da consciência da alienação; do *senso de alteridade*. Me fixo na ideia de alteridade: a escrita alegórica, aquela que significa "seu outro", a escrita que é o não-ser que representa. Me interessa a ideia de temporalidade: a alegoria sempre exprime algo *diverso* do que se pretendia dizer com ela, o "outro" reprimido pela História, aquele que só pode encontrar sua expressão através dos dominadores.[32]

Não terá sido mero acaso, então, que Heloisa tenha começado a vida acadêmica, no mestrado, estudando Mário de Andrade e a transposição de sua obra maior, *Macunaíma*, para o cinema por Joaquim Pedro de Andrade. Afinal, Mário foi o primeiro intelectual brasileiro a levar a sério a necessidade de se ampliar a cultura nacional, problematizando as fronteiras então praticamente intransponíveis entre o erudito e o popular numa sociedade não apenas diversa, mas também tão desigual e hierárquica como a brasileira.

32 Ibid., p. 46-47.

MÁRIO DE ANDRADE, PECADO ORIGINAL

É verdade que esse começo jamais teve fim na trajetória de Heloisa Teixeira. Mário de Andrade está sempre com ela. Recentemente, num vídeo produzido pelo projeto MinasMundo[33] para o desaniversário do centenário do modernismo em 2022 – já que sua comemoração neste grupo de pesquisa se deu apenas em 2024, trazendo a público outros marcos, símbolos e histórias do movimento cultural –, Heloisa diz: "O Mário é uma figura para mim, porque ele é gay, porque ele é mulato, porque não é uma fragilidade, ele é uma 'outridade' [...] Ele fala de um outro lugar." Mário Benjamin, Walter de Andrade, todos misturados em Helô:

> O Mário, ele dá um passo para o lado. Ele dá um passo para o lado e diz: "eu quero, eu vou andando, mas eu quero que todo mundo venha junto. Eu quero que todas as culturas brasileiras, todas as modernidades possíveis venham junto comigo, eu vou ouvir todas."

Em outro trecho do vídeo, o contraste entre Mário e Oswald de Andrade é afirmado sem meias-palavras:

> É uma coisa fascinante, ele não se deixa tragar pelo sucesso, pela coisa heroica. Aí mesmo que o contraste entre Oswald e Mário fica mais chocante. O outro [Oswald] andava de Cadillac, era arrogante, tinha mil mulheres, tinha sucesso. Enquanto isso, o Mário ficava na escuta, via o povo brasileiro, ele tinha paixão por outra cultura que não fosse a dele.

Fracasso de um lado, heroísmo triunfalista de outro. O contraste e mesmo a oposição entre os Andrades, tema curiosamente ainda pouco explorado pela fortuna crítica do modernismo, há mui-

---

33 O vídeo "MMM – Modernismo por MinasMundo" está disponível no Canal do Projeto MinasMundo no YouTube: <https://www.youtube.com/watch?v=LtaA98KNNLA>. Acesso em 31 out. 2024.

to está no horizonte e nas falas de Heloisa. Exige coragem, especialmente quando lembramos que durante décadas Mário foi diminuído como pensador do folclore e da identidade nacional ligado ao Ministério Capanema do Estado Novo, e Oswald sempre exaltado e celebrado como a criatividade em pessoa a cada nova vanguarda artística: concretistas, tropicalistas, o teatro de José Celso Martinez Corrêa etc. Em *Escolhas*, Heloisa revela:

> Nunca me interessei por Oswald de Andrade. Nunca me desfiz da paixão por Mário, minha prova acadêmica inaugural, minha primeira e tímida investida teórica. Mário mulato, depressivo, herói descentrado, sem nenhum caráter. Mário, autor do fascinante *mea culpa* modernista proferido, publicamente, no Itamaraty, em 1942, vinte anos depois da Semana de Arte Moderna: "Si tudo mudávamos em nós, uma coisa nos esquecemos de mudar: a atitude interessada diante da vida contemporânea. [...] meu aristocratismo me puniu. Minhas intenções me enganaram. [...] Estou convencido que devíamos ter nos transformado de especulativos em especuladores."[34]

Sua prova acadêmica inaugural, *Heróis de nossa gente*, foi defendida em 1974 como dissertação de mestrado em literatura brasileira da Faculdade de Letras da UFRJ.[35] A pesquisa de Heloisa se inscreve na primeira leva de teses acadêmicas sobre a rapsódia de Mário de Andrade, ao lado de *Morfologia do Macunaíma*, defendida um ano antes, em 1973, por Haroldo de Campos (originalmente a tese de doutorado *Para uma Teoria da Prosa Modernista Brasileira*, orientada por Antonio Candido na FFLCH-USP). E seguida por *Macunaíma: ruptura e tradição*, de 1976, de Antonio Callado, orientada por Boris Schnaiderman, também na FFLCH-USP, e de *A linguagem dos personagens de Macunaíma: alienação e consciência*, dissertação de mestrado

---

34 H.B. de Hollanda, *Escolhas: uma autobiografia intelectual*, 2009, p. 53.

35 H.B. de Hollanda, *Heróis de nossa gente*, 1974.

de Vera Lúcia Pires defendida na PUC-Rio, também em 1976, sob a orientação de Eneida do R.M. Bomfim.

Heróis de nossa gente é também contemporâneo de alguns outros trabalhos acadêmicos que se tornariam referenciais, como *Mário de Andrade: ramais e caminho*, de 1972, de Telê Ancona Lopes. A interpretação de Heloisa sobre *Macunaíma* é, assim, pioneira nos estudos de literatura brasileira.

Por que *Macunaíma*? Por que Mário de Andrade? Não é simples responder a essas perguntas. Honesta consigo mesma e às vezes modesta demais, essas perguntas volta e meia reaparecem nas entrevistas e reflexões de Heloisa. Vimos o fascínio exercido por Alceu Amoroso Lima a esse respeito na graduação; todo um repertório sobre formas antigas e oralidades também advindas da formação em estudos clássicos; o movimento cinemanovista do qual Helô participa, inclusive, fazendo uma "ponta" no filme *Macunaíma* de Joaquim Pedro de Andrade, de 1969. *Macunaíma* foi ainda tema do samba-enredo da Portela de 1975, repetindo no singular o título da dissertação de Helô: "Herói de nossa gente". E, em 1978, encenado pela primeira vez no teatro São Pedro, em São Paulo, na adaptação dirigida por Antunes Filho.

Ou seja, cinquenta anos após a publicação, a rapsódia de Mário de Andrade estava na pauta cultural dos anos 1970 em meio à ditadura civil-militar, talvez como uma espécie de contradiscurso ao patriotismo verde-amarelo e controle do imaginário brasileiro do autoritarismo reinante. Provocadora, Helô se transforma em designer e faz uma capa amarela com três carimbos verdes vazados para os exemplares da dissertação. Estão na capa as cores oficiais da pátria monopolizada pelo discurso militar e os carimbos que remetem tanto à burocracia absurda do governo quanto, e especialmente, à censura vigente.

Certamente esses são alguns elementos que contariam se fosse o caso de buscar respostas unívocas para a escolha da autora pelo tema da sua dissertação. Mas elas não existem de modo simples. É melhor aceitarmos esse fato e lidarmos com ele. As escolhas são feitas em um contexto de múltiplas contingências também, não só de condicionamentos. Uma coisa é certa, porém: fazer uma dissertação de mestrado sobre *Macunaíma* de Mário de Andrade e o filme *Macunaíma* de Joaquim Pedro era não apenas discrepante, mas já uma espécie de rota de fuga do *mainstream* do curso de Letras, especialmente em relação ao que se esperava de um trabalho acadêmico em literatura brasileira na então Faculdade de Letras da UFRJ.

Aqui vale assinalar mais uma vez o movimento algo espiralar que estamos sublinhando em passos decisivos de sua trajetória: com o passar do tempo, a própria Heloisa entenderá melhor como suas escolhas nesse momento também estavam condicionadas por constrangimentos de gênero, silenciadas pelo machismo dominante. Ela "escolhe" trabalhar com objetos literários de certa forma rejeitados, não legítimos – "catar o lixo", como ela costuma dizer, da história e da cultura – por ser mulher num meio masculino e machista, embora de esquerda.

Tanto que a própria autora nunca soube bem como pacificar sua dissertação em sua carreira acadêmica. Diz ela também em *Escolhas*:

> Aparentemente, essa dissertação de mestrado – a pretexto do exame das relações intertextuais entre o Decameron indígena de Koch-Grünberg, a rapsódia *Macunaíma*, de Mário de Andrade, e o filme homônimo de Joaquim Pedro – pergunta sobre a configuração do herói perdedor nestes vários Macunaímas.[36]

Grifem "aparentemente"! Corroboramos a versão da autora. Ao contrário do que até hoje, inacreditável e infelizmente, se repete sobre a rapsódia modernista, *Macunaíma* não é um estudo do caráter brasileiro ou da falta dele em termos de uma identidade coesa e estável. E Heloisa trabalha muitíssimo bem esse ponto.

---

36 H.B. de Hollanda, *Escolhas: uma autobiografia intelectual*, 2009, p. 50.

O enredo do texto não deixa dúvidas: o herói é um anti-herói, sua busca é vã.

Ao amigo Carlos Drummond de Andrade, Mário de Andrade[37] confidencia em carta de janeiro de 1927 a redação adiantada de um "romance engraçado" e lhe apresenta "o senhor Macunaíma, índio legítimo que me filiou aos indianistas da nossa literatura e anda fazendo o diabo por esses Brasis a procurada muiraquitã perdida." Os heróis, além desse principal, "são os manos dele Maanape já velhinho e Guiguê na força do homem. E o gatuno da muiraquitã é o regatão peruano Venceslau Pietro Pietra que é o gigante Piaimã, comedor de gente." O entrecho do livro se desenvolve em torno da perda e resgate da muiraquitã, o amuleto dado a ele pela amante Ci antes de ela subir para o céu. A pedra mágica será perdida logo depois, e daí em diante, até o final do capítulo XIV, a ação se define pela busca atribulada do amuleto. O objeto é finalmente recuperado na disputa com o gigante Piaimã, para escapar de novo, desta vez definitivamente, das mãos do protagonista durante a luta com a Uiara no último episódio do livro.

A narrativa da aventura desse herói brasileiro sem caráter nem identidade definidos, como a sua gente, é construída sem intenção mimética – isto é, sem a intenção de representar o mundo objetivo, o do lado de fora do livro ou da ficção –, e sim como uma alegoria que pudesse surpreender e interpelar os leitores. Além do mais, a narrativa é composta da combinação de uma infinidade dos mais diversos materiais: relatos de viajantes (como o do avô Leite Moraes) e de cronistas coloniais, textos etnográficos, lendas indígenas, cerimônias africanas, canções ibéricas, episódios históricos e da vida familiar etc. Trata-se, na verdade, de um processo de bricolagem, e não de mera superposição de elementos históricos, etnográficos e ficcionais tomados

---

37 M. de Andrade e C.D. de Andrade, *Carlos & Mário*, 2002.

à tradição escrita e oral, erudita e popular, brasileira, europeia, indígena e africana.

Como o próprio Mario de Andrade explica na carta a Drummond mencionada: "Não tem senão dois capítulos meus no livro, o resto são lendas aproveitadas com deformação ou sem ela. Está me parece que um gosto e já escrito inteirinho o romance, e em segunda redação."

Não podemos esquecer ainda que o próprio autor afirma que o herói "sem nenhum caráter" foi tirado do alemão Koch-Grünberg, como Heloisa bem observou, caracterizando-o "incaracteristicamente" como um indígena preto que vira branco e que nem brasileiro é, pois faz parte do lendário da Amazônia venezuelana, o que lhe permite a um só tempo figurar a busca da identidade nacional e problematizar de forma crítica e irônica essa intenção que certamente era coletiva e atravessava várias épocas.

O caráter mais do que híbrido do livro, radicalmente inovador, que mistura tanto pesquisa sobre a criação popular quanto recursos estéticos literários e musicais, alimenta o contexto fantasioso da aventura do herói brasileiro. Sua indeterminação semântica, ou ambiguidade, informa também a concepção do cenário, das personagens e a própria caracterização do herói principal. As misturas de todos os tipos de que se compõe *Macunaíma* é fundamental ainda para a produção do protagonista, que, como a sociedade brasileira, encontrava-se impregnado pela ambivalência e dilacerado entre ordens sociais e valores contrastantes – entre o Brasil e a Europa. Tal como Mário de Andrade chegou a definir a si próprio: "um tupi tangendo um alaúde."

Sua própria fatura, portanto, formaliza o caráter híbrido da cultura e plural da "identidade" brasileira, bem como questiona a ideia de unidade e pureza, ao produzir um texto original quase inteiramente da cópia e da deformação. Além disso, a construção da narrativa – designada *rapsódia* a partir da segunda edição, em 1937 – se baseou na transposição de duas formas básicas presentes na música erudita e na popular que são ao mesmo tempo normas universais de compor: a suíte – característica das danças populares e cujo melhor exemplo era o bailado do bumba meu boi – e a variação, que ocorre tanto na música instrumental quanto na canção, mas sobretudo no improviso do cantador nordestino.

Parte dos parágrafos acima foram retomados do livro *O modernismo como movimento cultural: Mário de Andrade, um aprendizado*,[38] em que os autores reconhecem o caráter pioneiro do trabalho de Heloisa por apresentar a problematização crucial da suposta convergência das ideias de Mário de Andrade com o significado hegemônico dos temas da identidade nacional e da cultura brasileira nos anos 1920-1940. Essa convergência revela mais da recepção de *Macunaíma* e do seu contexto de recepção do que dele mesmo.

Como lembra Silviano Santiago (o segundo de três mestres a quem o livro de Botelho e Hoelz também é dedicado) no instigante *Genealogia da ferocidade*, toda recepção implica também uma domesticação do novo pelo conhecido, assentado, hegemônico.[39] Com Mário não foi diferente. As tensões e ambiguidades constitutivas de suas ideias e seu senso crítico em relação aos temas dominantes de seu tempo foram, em grande medida, perdidos. E ele foi consagrado postumamente como praticamente "o" ideólogo da moderna "identidade" nacional, inclusive confundido com algumas realizações do Estado Novo no campo da política cultural.

Se a própria narrativa da rapsódia é toda híbrida em uma bricolagem sem fim e caleidoscópica, Heloisa Teixeira foi ainda mais longe, pois, reconhecendo-a exatamente assim, problema-

---

38 A. Botelho e M. Hoelz, *O modernismo como movimento cultural: Mário de Andrade, um aprendizado*, 2022.

39 S. Santiago. *Genealogia da ferocidade*, 2017.

tizou todo um circuito mais amplo de transposições, intertextualidades e suplementações. Sua dissertação, adaptada para livro em 1978 sob o título *Macunaíma: da literatura ao cinema*, assunto de muitas entrevistas da autora, e de incompreensíveis mea-culpa, é certeira. O livro, aliás, é uma verdadeira montagem, cheia de significados para a crítica da cultura.

Além de incorporar parte de sua dissertação, Heloisa brinca no livro com algumas combinações: procura dar voz aos Andrade (Mário e Joaquim Pedro), selecionando fragmentos de cartas, anotações, prefácios, recortes de jornais e imagens. Também inclui, arbitrariamente, como reconhece na "Explicação", uma espécie de introdução do livro, um artigo de Alexandre Eulálio que "desafina a pretendida estrutura do livro." Diz que usou deste poder porque gosta "tanto do artigo quanto de seu realizador."[40] Neste livro-montagem, é como se Heloisa sugerisse ao público leitor que confrontasse ele também as diferentes linguagens estudadas por ela em sua dissertação.

Walter Benjamin ajudou Heloisa Teixeira a inaugurar o cânone literário absolutamente moderno e especializado da Faculdade de Letras da UFRJ, e o problema benjaminiano por excelência da "alegoria" é central na dissertação. Em termos substantivos, pode-se dizer que Heloisa está também disputando o próprio sentido da alegoria do "herói de nossa gente" num contexto de aparelhamento ideológico de símbolos brasileiros. Além da ênfase nas relações, é significativo que ela enfatize ser o Macunaíma do (curto-)circuito Mário de Andrade-Joaquim Pedro um "herói perdedor" e que, em se tratando de mitos, não há uma história única, original e oficial, e sim apenas versões diferentes, outras, do mesmo.

Ao lado de Benjamin, o tratamento analítico que Heloisa acabou por conferir ao problema das relações entre linguagens distintas vai ganhar sentido também com Roland Barthes – o se-

---

40 H.B. de Hollanda, *Macunaíma: da literatura ao cinema*, 1978, p. 19.

gundo B do "BBB da Helô". Mas, antes da metodologia, vejamos rapidamente o terceiro B, pois na economia teórica de Heloisa Teixeira, Mikhail Bakhtin corrobora o gesto rebelde, ao mesmo tempo anacrônico e vanguardista, de recusa das especificidades da literatura que preteriam as questões da interdependência das várias áreas da produção cultural. No começo da década de 1970, Bakhtin promovia sua crítica ao formalismo russo afirmando que a ausência de articulações mais concretas entre a literatura e o contexto global da cultura estaria promovendo a marginalização da própria ideia de literatura. Mais Helô impossível.

Roland Barthes, por sua vez, só começa a aparecer como referência em seus estudos e cursos no final dos anos 1960. Helô assinalou o fascínio exercido pela variedade do autor francês sobre ela:

> Do alto estruturalismo de *Elementos de semiologia*, passando pelo impulso desconstrutivo de S/Z, até as divagações fragmentárias e quase arbitrárias de *O prazer do texto* e de *Fragmentos de um discurso amoroso*, o conjunto da obra Barthes, parece, na realidade, pertencer a várias vidas.[41]

De Barthes, ela avalia:

> [...] me ficou a atração por seu "desconforto de escrever" e um modelo estratégico de leitura: de forma especialmente cuidadosa, ao longo de sua obra, conseguiu manter a pergunta "quem está escrevendo?" eternamente sem resposta. Essa percepção aguda do poder mistificador autoral não deixa de definir seu próprio estilo: a economia textual de Barthes é conscientemente retórica.[42]

Vemos no programa intelectual realizado em *Heróis de nossa gente* e *Macunaíma: da literatura ao cinema*, e noutros livros pos-

---

41 H.B. de Hollanda, *Escolhas: uma autobiografia intelectual*, 2009, p. 48.
42 Idem.

teriores de Heloisa Teixeira, não a reposição da ideia tradicional de "influência", porque isso seria um contrassenso teórico, dada a perspectiva relacional que a anima, mas propriamente a recriação do movimento crítico de aproximação, distanciamento e confronto de linguagens diferentes. Esse movimento se deve sobretudo a Roland Barthes, autor a quem, junto com Silviano Santiago, dedicou uma exposição pioneira no Brasil, *Roland Barthes: Artista Amador*, no Centro Cultural Banco do Brasil do Rio de Janeiro, em 1995.

Para Barthes, como se sabe, o crítico não é o intérprete de uma verdade escondida pelo tempo num texto ou numa imagem, mas justamente alguém que se põe em diálogo a partir do próprio tempo e campo com temporalidades e campos diferentes. Como formalizou em *Crítica e verdade*:

> Assim, pode travar-se, no seio da obra crítica, o diálogo de duas histórias e de duas subjetividades, as do autor e as do crítico. Mas esse diálogo é egoisticamente todo desviado para o presente: a crítica não é uma "homenagem" à verdade do passado, ou a verdade do "outro", ela é construção da inteligência de nosso tempo.[43]

* * *

A crítica como "construção da inteligência do nosso tempo": não há melhor definição para a obra de Heloisa Teixeira. Como sublinhou Maurício Hoelz, nosso primeiro leitor, em uma mensagem de WhatsApp:

> A ideia de contemporâneo do Agamben talvez seja boa para pensar a inteligibilidade do novo na Helô. Ela diz trabalhar com "tendências", e trabalhar com o contemporâneo permite a ela, vamos dizer, dar um flagrante na contingência, ver a inventividade e

---

43 R. Barthes, *Crítica e verdade*, 1970, p. 163.

criatividade das práticas culturais, antes que elas se engessem pelas convenções e caretices institucionais, num timing do processo em que a maioria das possibilidades ainda estão em aberto, ainda são possíveis (abusando da redundância). "É uma loucura!" é uma frase recorrente no seu léxico. Ela busca sempre o novo e o subversivo ou o que restou à margem e foi rejeitado.

É isso! Ele tem toda a razão.

Mas como unir o contemporâneo aos estudos clássicos, dos quais Helô e nós partimos? Em "Sonhar alto minhas pesquisas", aula inaugural ministrada na Faculdade de Letras da UFRJ, em 20 de fevereiro de 2014, ela aborda esse ponto:

> Por motivo que a esta altura já esqueci, escolhi e me graduei em Letras Clássicas. Durante o curso, li e reli as obras de praxe do universo greco-latino, mergulhando sem máscara nem bala de oxigênio – portanto passível de falta de ar –, num mundo meio mágico e muito magnético que é a literatura e a poesia clássicas. Foi esse universo que fez minha cabeça e me inoculou com uma ideia de literatura que não se identifica com aquela que experimentamos hoje, a literatura no sentido moderno do termo [...] Em *Macunaíma* não encontrei nem mesmo um romance ou uma novela para trabalhar em paz e com segurança, mas uma rapsódia, feita de fragmentos e reordenações, tradução e traições múltiplas. *Macunaíma* inaugurou minha falta de chão.[44]

Se o mestrado foi, como a própria Helô diz, "um rito de passagem entre meus estudos clássicos e o Brasil dos anos 1960", Mário de Andrade está presente, de uma forma ou de outra, em tudo o que a autora vem fazendo desde então. A começar pelo fato de que ambos são personalidades intelectuais que se multiplicam. Muita coisa mudaria na trajetória crítica de Heloisa Teixeira:

---

44 H.B. de Hollanda, "Sonhar alto minhas pesquisas", in *Onde é que eu estou? Heloisa Buarque de Hollanda 8.0*, 2019, p. 64-65.

ainda viriam o acerto de contas com a sua geração e seus fracassos, o feminismo e a epistemologia feminista, os estudos culturais e a crítica ao cânone ocidental europeu, masculino e branco. Mas seus *começos* se traduzem também em *princípios*. Uma personalidade inquieta e insatisfeita com o repertório do seu tempo, ainda que consiga extrair dele uma perspectiva sempre inovadora para o próximo lance no jogo complexo entre a produção de conhecimento e a democratização da cultura. Naturalmente, esse movimento redefine não apenas os autores e as ferramentas teóricas do seu repertório crítico, mas a ele próprio, tornando-o instável e sempre aberto – e talvez por isso também incessantemente revisitado por aquela que o forja.

Helô pode ser algo irreverente ao falar de si, mas não está pacificada com suas escolhas. Poderiam, afinal, ser de Heloisa Teixeira, antes Buarque de Hollanda e antes disso ainda Oliveira, os versos de *Losango cáqui*: "A existência admirável que levo consagrei-a toda a procurar. Deus queira que não ache nunca... Porque seria então o descanso em vida."[45] Helô, como Mário, trezentos, trezentos e cinquenta.

---

45 M. de Andrade, Losango caqui, in *Poesias Completas*, 1987, p. 81.

2

CULTURA E POLÍTICA: MODOS DE SER

ESTAMOS NOS ANOS 1970 e nos interessa observar o amadurecimento da crítica de Heloisa Teixeira, colocando em discussão, especialmente, sua tese de doutorado defendida na UFRJ em 1979 e publicada em livro no ano seguinte, com o título *Impressões de viagem: CPC, vanguarda e desbunde (1960/70)*, pela Brasiliense, uma das principais e mais inovadoras editoras da época. A tese, orientada por Afrânio Coutinho, é um marco da crítica da cultura no Brasil e, talvez, um dos melhores exemplos do gênero até hoje. Embora não tenha agradado – ou pensando melhor, sobretudo porque não agradou – muito à banca de defesa, que considerou um pouco demais uma tese acadêmica narrada em primeira pessoa. Está certo, uma tese com um título desse, *Impressões de viagem*, cuja primeira frase é "Eu me lembro dos hoje 'incríveis anos 60'"[46], não era mesmo nada convencional.

Em foco, estão as relações entre cultura e política nos anos 1960-1970. Por isso, num primeiro momento, apresentaremos um retrato mais geral da época, arriscando dar excessiva ênfase a aspectos da vida de certo segmento intelectual do Rio de Janeiro. Nossa intenção não é generalizar, propondo que o retrato seja válido para todos os intelectuais e artistas cariocas do período, e sim compreender as particularidades e as parcialidades próprias do grupo em questão. Em seguida, após apresentar as linhas gerais do argumento de Heloisa em *Impressões de viagem*, trazemos para a conversa dois outros trabalhos cruciais do período: o ensaio "Cultura e política, 1964-1969", de Roberto Schwarz, publicado pela primeira vez em francês em 1970, e a coletânea *Vale quanto pesa*, de 1982, de Silviano Santiago.

Vimos como a conversa entre as gerações é importante para Heloisa, que reconstrói pontes entre a sua geração e a dos seus professores, como no documentário *Dr. Alceu* (1981). Agora veremos outras abordagens de Helô a essa questão: seu olhar

---

46 H.B. de Hollanda, *Impressões de viagem: CPC, vanguarda e desbunde (1960/70)*, 1992, p. 15.

crítico sobre a própria geração e os novíssimos. Mais do que em outros textos que abordam os anos 1960 e 1970 no Brasil, na crítica de Heloisa Teixeira notamos um ajuste de contas direto e radical com a sua geração – em certo sentido, a crítica aos seus contemporâneos é até mais radical do que a feita aos seus antecessores. Parecia que dessa radicalidade da autocrítica à própria geração dependia a emergência plena dos novíssimos, como se fosse necessário matar-se um pouco para o novo nascer. Uma radicalização dos tempos?

RIO BABILÔNIA

A melhor crônica da geração de 1968 foi feita vinte anos depois, em *1968: o ano que não terminou*, obra de não ficção escrita por Zuenir Ventura e publicada em 1988. Nela, a *ouverture* permanece imbatível: a festa de réveillon de 1967 para 1968 do casal Luiz e Heloisa Buarque de Hollanda, em sua casa modernista assinada pelo arquiteto Zanine Caldas no alto do Jardim Botânico carioca, como alegoria do Brasil.

Naqueles anos, vivia-se, de um lado, a repressão política e militar acumulada, o fracasso total da ideia de uma aliança nacional-popular que inspirara os jovens no início dos anos 1960, e o golpe dentro do golpe que estava por vir. De outro lado, havia uma paralisia e um acúmulo crescente de tensões, às quais se somavam as intensas e libertadoras microtransformações no comportamento sexual que a pílula e os novos arranjos afetivos permitiam, especialmente para as mulheres – mudanças que, no entanto, ainda confrontavam as formas tradicionais de autoridade vigentes.

Não podia ter dado noutra: parece que o estopim da confusão na festa foi um tapa dado pelo cineasta Gustavo Dahl na cara de sua esposa, a atriz e celebridade do momento Maria Lucia

Dahl, irmã da figurinista e cenógrafa Marília Carneiro, ela também casada com um diretor de cinema, Mário Carneiro. Até o casal Luci e Luiz Carlos Barreto entrou na briga, da qual, segundo Zuenir, em algum momento da festa, todos participaram, mas sem ninguém saber ao certo o motivo.[47] Sim, era uma festa para e com o grupo do Cinema Novo, e consta que o único lúcido presente era o cineasta Glauber Rocha, que bebia pouco álcool. Por aí se tem uma ideia do que foi esse réveillon.

Para além da *dolce vita* do balneário tropical, uma catarse coletiva da sociedade brasileira a partir de suas elites culturais. Uma catarse cujo saldo para os anfitriões foi imenso: a casa praticamente destruída pelas cerca de mil pessoas que por lá passaram naquela noite. Dezoito casais presentes divorciaram-se imediatamente ou na sequência – incluindo os anfitriões, Helô e Luiz.

A "festa na casa da Helô", como o evento ficou conhecido na crônica social do Rio de Janeiro, ou também chamada de "o segundo Baile da Ilha Fiscal", em alusão ao último baile da monarquia brasileira, rendeu assunto por semanas na praia, onde então se rememorava (às vezes com dificuldades óbvias) e se comentavam as noites passadas – onde se fazia a "resenha" da noitada anterior, diríamos hoje.

Grande anfitriã, Helô Teixeira até hoje guarda discrição e é econômica nas palavras, *comme il faut*, sobre aquela noite. Mas anos depois não deixou de apontar que, em meio "ao momento de euforia coletiva", de que a festa foi a "cereja do bolo", embora houvesse uma aflição generalizada por mudanças na sociedade, as divergências entre mulheres e homens eram um fato:

> [...] aquela aflição de mudar tudo, e se acreditava que mudando a vida a gente estaria também mudando o mundo. O engraçado é que só as mulheres mudaram, os homens não mudaram. Quem

47 Z. Ventura, *1968: o ano que não terminou*, 2013.

tomava essas iniciativas eram as mulheres, os homens preferiam mudar o mundo sem mudar a vida.[48]

A percepção de que a mudança da vida e a mudança política institucional seguem caminhos opostos – cabendo às mulheres engajarem-se na primeira, considerando a ordem social e política machista como é a brasileira –, certamente está conectada a transformações mais amplas da sociedade e da condição feminina. Não é nosso objetivo desenvolvê-la, mas queremos assinalar como tal percepção está ligada a mudanças estruturais, por assim dizer, que já nos anos 1960-1970 começavam a pulverizar certezas tradicionais e os próprios valores, práticas e instituições da constelação política moderna.

Essas transformações aos poucos levaram a noção de poder ao centro do debate intelectual e político, assim como a percepção de que o poder não estava apenas nas instituições, mas também nas relações – tanto as mantidas na esfera pública quanto as privadas. A compreensão de que a ordem era sustentada por vários dispositivos de poder que vazavam o espectro ideológico, do autoritário ao de esquerda, tomou forma, bem como a ideia de que construir resistências específicas a esses diversos dispositivos era tarefa urgente. As novas concepções acerca do poder ganharam estatuto teórico com a publicação do livro de Michel Foucault *Microfísica do poder*, em 1979.

Esse seria o assunto dominante na sociologia pelas décadas vindouras, por exemplo, com a ideia de "globalização" ou "mundialização" como vezo da reestruturação de relações e processos sociais nacionais na passagem dos anos 1980 aos 1990. Ou aquilo que Benedict Anderson[49] denominou com precisão como a crise iminente do "hífen" que durante duzentos anos havia

---

48 H.B. de Hollanda, "Entrevista", in *Onde é que eu estou? Heloisa Buarque de Hollanda 8.0*, 2019, p. 14.

49 B. Anderson, "Introdução", *Um mapa da questão nacional*, 2000.

ligado o Estado e a nação. Existiria a nação em meio a tantas diferenças e desigualdades internas?

Desde o início dos anos de 1990 e por toda aquela década, o sociólogo alemão Ulrich Beck[50] afirmava que os processos globais do capitalismo estavam imprimindo uma ruptura na modernidade, cujo motor, a individualização, apresentaria consequências profundas para as identidades coletivas – nada menos do que dissolução de padrões, códigos e regras estabelecidos há dois séculos por uma sociedade nacional. De acordo com Beck,[51] a "segunda modernidade", ou "modernidade reflexiva", em que estaríamos então passando a viver, aparentemente tornava a constelação política da sociedade nacional da "primeira modernidade" algo "não político", enquanto aquilo que era "não político" no âmbito do Estado-nação se tornava "político".

Em outras palavras, a política não estaria encerrada em instituições como parlamentos, partidos, sindicatos etc., mas abrangeria também o centro da vida privada, já que o microcosmo da conduta da vida pessoal está inter-relacionado com o macrocosmo dos problemas globais (como a questão ecológica, por exemplo). Diante disso, a política na estrutura do Estado-nação não seria necessariamente o ponto de partida para um novo território do político, do geopolítico ou da sociedade de risco global.

É essa percepção de mudança, de politização do privado reposicionando as mulheres e outras maiorias minorizadas no debate público, que guiava a curiosidade de Heloisa Teixeira nos anos 1970. A maneira obsessiva com que Helô retoma esse assunto, revisando inclusive suas escolhas do passado, indica a percepção de uma condição feminina que poderia se tornar uma estratégia feminista de emancipação pessoal com transformação social.

---

50 U. Beck, *Individualization: institutionalized individualism and its social and political consequences*, 2002.

51 U. Beck, "A reinvenção da política: rumo a uma teoria da modernização reflexiva", in *Modernização reflexiva: política, tradição e estética na ordem social moderna*, 1997.

Uma espécie de passagem da "mulher em si" para "a mulher para si", adaptando o dilema central proposto por Karl Marx,[52] sobre a ação coletiva proletária. A recorrência e a persistência com que esta questão é posta na autorreflexão de Heloisa certamente expressam vários outros aspectos; mas são sintomáticas de como essa passagem não está dada, também no caso das mulheres da sua geração, e constitui um desafio a ser permanentemente conquistado.

Helô Teixeira sempre insistiu em duas particularidades da mudança social que passaram a ser notadas e problematizadas apenas quando os chamados "novos movimentos sociais" ganharam mais inteligibilidade na sociedade e na própria universidade. Primeiro, o lugar da cultura na mudança da sociedade e da política. Segundo, o fato de que as mudanças na sociedade também implicam transformações cruciais em quem participa dela. A cultura passa, assim, a ser um campo de conflito reflexivo entre mudanças externas e internas, subjetivas e institucionais, que se abre ao futuro desafiador com inovações insuspeitas.

Os movimentos sociais têm sido vistos como a mais potente força de mudança na sociedade contemporânea. Numa definição geral, eles podem ser entendidos como coletivos fracamente organizados que atuam de maneira pouco institucionalizada para produzir alguma renovação na sociedade. Mas sob que condições os indivíduos decidem engajar-se numa ação coletiva para fortalecer ou defender seus interesses ou valores próprios ou mais amplos? Eis a questão.

Não existe, por certo, uma única ou definitiva resposta a essa pergunta, que, convenhamos, vale ouro tanto na política quanto nas ciências sociais. A existência de interesses, valores ou experiências comuns e a consciência deles são, em geral, consideradas condições necessárias, mas não suficientes para a emergência da ação coletiva. Acrescente-se que, como estamos

---

52 K. Marx, *O 18º Brumário de Louis Bonaparte*, 2003.

cansados de saber, a "consciência" desses fatores comuns não decorre mecanicamente da existência deles; decorre de uma construção social, como tantas outras. Diferentes condições em distintas combinações históricas contingentes e também estruturais devem ser preenchidas para que isso ocorra.

Alain Touraine foi certamente um dos mais influentes teóricos dos novos movimentos sociais – e é uma das preferências de leitura de Heloisa Teixeira há um bom tempo. Em *O retorno do ator*, publicado na França em 1984, Touraine se contrapõe ao estruturalismo, cujo senso de ação coletiva considera sujeito "a imutáveis leis e exigências da realidade histórica", consequentemente eliminando da perspectiva sociológica o ator (o sujeito), tratado como um epifenômeno, uma mera emanação do sistema. A "volta do ator" produz uma nova imagem da sociedade, que figura como produto contingente, fluido, dos esforços humanos: "a sociedade não é mais do que o resultado instável e bastante incoerente das relações sociais e dos conflitos sociais."[53] A produção da sociedade e da história é levada a termo pela ação coletiva, e seus principais agentes são os movimentos sociais: "o movimento social é antes de tudo um ator, uma vez que a realidade histórica é construída através dos conflitos e negociações de movimentos sociais que conferem uma forma social específica às orientações culturais."[54]

O debate sobre movimentos sociais comumente opôs o que passou a ser chamado de "novos movimentos sociais" ao que, em contraste, virou "velhos movimentos sociais". Estes seriam característicos de uma primeira fase da modernidade, quando os movimentos sociais se concentravam nos interesses econômicos e se organizavam com base na solidariedade entre membros da mesma classe social – alguns exemplos são os movimentos sindicais e as organizações de operários ou camponeses.

---

53 A. Tourainte, *Le retour de l'acteur: essai de sociologie*, 1984, p. 124.

54 Idem.

Característicos da segunda fase da modernidade, também chamada de modernidade tardia ou pós-modernidade, os "novos movimentos sociais" trariam à esfera pública novas questões, interesses e frentes de conflito social. Seus atores sociais não pertenceriam a uma classe específica e se mobilizariam sobretudo em torno de questões relacionadas à qualidade de vida, identidades coletivas etc., para além das divisões econômicas – os movimentos ambientalistas, pacifistas e feministas, são exemplos deste novo cenário. Sempre em contraste, os "novos movimentos sociais" seriam em geral descentralizados, assumindo a forma de redes amplas e relativamente horizontais.

Deixemos de lado, neste momento, a questão das continuidades que, apesar das diferenças proclamadas, subsistem entre "novos" e "velhos" movimentos sociais. Lembremos o argumento de Klaus Eder,[55] segundo o qual é possível que se esteja confundindo, numa oposição simplista, explicação histórica e explicação estrutural. De acordo com Eder, pode-se dizer que o conflito de classes típicos da sociedade industrial não mais organize a mobilização de identidades coletivas na sociedade contemporânea, mas daí concluir que o conflito de classes decorrente da contradição entre capital e trabalho esteja desaparecendo é outra coisa. Se a classe social não pode ser tratada como uma variável independente, sendo desconsiderada, fica muito difícil qualificar as estruturas de desigualdades duráveis na sociedade e suas recriações contemporâneas. Essa dimensão, aliás, parece atrair cada vez mais a atenção tanto dos cientistas sociais quanto dos ativistas para as chamadas abordagens interseccionais (que consideram as relações entre marcadores sociais de gênero, étnico-raciais e de classes, por exemplo).

A ditadura civil-militar brasileira foi um momento de conflito agudo pelo controle político da mudança, e esse confronto

---

55 K. Eder, *The new politics of class: social movements and cultural dynamics in advanced societies*, 1993.

também foi travado no âmbito da cultura. Cultura entendida não como um reflexo de processos de outras ordens na sociedade, mas como presença que orienta intersubjetivamente as ações. Tivemos recentemente a infeliz oportunidade de testemunhar no Brasil, pela primeira vez após décadas de redemocratização, o acirramento dos conflitos entre narrativas – sobre democracia, liberdade, gênero, ciência, vacina etc. –, que atravessaram, dividiram e reorganizaram a sociedade. E isso parece explicitar, como poucas vezes, a importância da cultura. Não à toa fala-se tanto em "guerra cultural". O que temos percebido com muita nitidez é como as mudanças na sociedade, na política e mesmo na economia nunca se realizam desacompanhadas de processos culturais que lhes dão significados.

Heloisa Teixeira foi uma das primeiras estudiosas no Brasil a perceber e a formalizar elementos cruciais à crítica mais ampla da ideia de mudança como efeito de um movimento externo, como se o movimento social agisse sobre a sociedade desde fora. Também foi pioneira na valorização dos indícios simbólicos de que uma parte considerável das renovações produzidas pelos movimentos são mudanças nos próprios movimentos e nos seus participantes. Ideologias, regras, instituições, formas de organização etc. retroagem sobre seus membros e estruturas, modificando o ambiente das ações e as características dos atores, suas motivações, atitudes, ideologias e outros fatores.

Durante os anos de ditadura, Heloisa não se deixou paralisar, muito pelo contrário. Vimos no capítulo anterior como ela participou ativamente de grupos de estudos e procurou construir as próprias ferramentas teóricas e metodológicas para trabalhar com a literatura. Fez dos seus privilégios de classe, de professora universitária, de anfitriã e de amiga da nata da intelectualidade e dos artistas do período, como o seu círculo mais próximo do Cinema Novo, recursos políticos cruciais para pensar e enfrentar, com criatividade e potência, o sistema e o *status quo* pelas brechas.

Isso tudo feito num dia barra-pesada de trabalho, casamento, família, censura, repressão, mas no qual havia também tempo para noites festivas. E uma praia para curar eventuais ressacas. Humano, demasiado humano. E era justamente na festa, como argumentará em sua tese de doutorado, que residia a crítica "ao tom grave e nobre da prática e do discurso político que caracterizava e definia a ação cultural da geração anterior".[56] Para Heloisa, seria uma falta de acuidade em não perceber o conteúdo ambíguo existente na união entre os termos "festa" e "esquerda". Pois seria justamente a ambiguidade a marca da produção cultural realizada a partir daquele momento.

Não vamos exagerar, porém, mobilizando preconceitos que em certa crônica política da época tende a cercar de clichês determinados segmentos das classes médias intelectualizadas chamando-os de "esquerda festiva". E tampouco seria esse o caso de Heloisa Teixeira. É verdade que suas relações cultivadas nos círculos artísticos e intelectuais cariocas, naqueles tempos ainda caixa de ressonância da produção e circulação da cultura em todo o Brasil, lhe proporcionou uma condição muito particular para acompanhar as novidades do momento: Cinema Novo, Teatro de Arena, Teatro Oficina, tropicalismo e outros. Sua própria atuação cultural afetou sua visão e produção acadêmica, criando circuitos entre a UFRJ e os movimentos culturais, passando por suas contribuições nos jornais, exposições, filmes etc.

MIMEÓGRAFO: A CULTURA DA PARTICIPAÇÃO

Impressões de viagem, publicado pela primeira vez em 1980, é uma notável leitura crítica dos principais projetos culturais

---

56 H.B. de Hollanda, *Impressões de viagem: CPC, vanguarda e desbunde (1960/70)*, 1992, p. 33.

das décadas de 1960 e 1970, por entre os quais Heloisa Teixeira realiza uma discussão finíssima sobre o lugar da poesia, seus confrontos com outras linguagens e suas metamorfoses nas vanguardas. Pesquisa de doutorado feita em momento de repressão política, Helô dá destaque às respostas originais que vê em alguns movimentos alternativos, como a chamada geração mimeógrafo, que, em tempos de desenvolvimento da indústria cultural e de censura imposta pela ditadura militar, através do gesto poético quase artesanal, procurava resistir ou reagir à crescente comercialização da cultura no país e, ao mesmo tempo, criar outras formas de comunicação, circulação e relacionamento entre obras, autores/as e leitores/as.

O livro é também uma espécie de acerto de contas com sua geração sobre as crenças e as práticas culturais e políticas que ela colocou em movimento, incendiando corações, mentes e mãos no início dos anos 1960. É corajoso da parte dela assumir naquele momento as idiossincrasias do projeto dos Centros Populares de Cultura (CPCs), às quais se imbrica, na utopia de uma aproximação com o "povo", também o seu fracasso pessoal (e geracional). Mas, além de corajosa, a atitude guarda ainda um segredo fundamental sobre Heloisa: o itinerário dos projetos estéticos abordados no livro reflete de alguma forma o próprio trajeto intelectual da autora: CPC, vanguarda e desbunde. E o escrutínio das diversas linguagens em jogo nos anos 1960 e 1970 não é feita sem uma tomada de posição de Helô.

Logo no início do livro vemos seu posicionamento teórico, com amplas consequências para a crítica da cultura praticada no Brasil até então, quando a autora esclarece que seu objetivo é "examinar alguns momentos em que a *literatura* participa de maneira direta dos debates que se desenvolvem a partir da década de 60" (grifo nosso).[57] Heloisa seleciona, mais especificamente,

---

57 H.B. de Hollanda, *Impressões de viagem: CPC, vanguarda e desbunde (1960/70)*, 1992, p. 9.

três momentos dos anos 1960 e 1970 para a análise: a "participação engajada" de antes do golpe de 1964; a explosão tropicalista (1967-1968) e seus desdobramentos; e a produção artística alternativa que despontou pós-AI-5, especialmente a poesia marginal. Antes de discutir as implicações teóricas desta proposta, vejamos o passo a passo do argumento de sua idealizadora.

No primeiro momento analisado, Heloisa se volta para a produção poética dos "engajados" do começo dos anos 1960, dividindo-os em dois grupos supostamente adversários: os cepecistas (os "artistas revolucionários" vinculados aos Centros de Cultura Popular) e os "experimentalistas de vanguarda", termo que ela utiliza para agrupar os movimentos concretista, práxis e processo. Como observa a autora, os temas da modernização da sociedade brasileira, da democratização e do nacionalismo que estavam em pauta nos inícios de 1960 atravessam os dois grupos.

Os CPCs, segundo ela, estabeleceram uma ligação direta entre arte e sociedade. O artista escrevia a partir de um compromisso estabelecido com o "povo" e acreditava que a "arte popular revolucionária" seria um instrumento indispensável para a tomada do poder político. Do ponto de vista poético, ela sugere que essa escolha "traduz-se numa linguagem celebratória, ritualizada, exortativa e pacificadora",[58] que não desempenhava, apesar de seu propósito, uma função realmente revolucionária. Acrescenta ainda que, ao verem fracassadas as pretensões revolucionárias com o golpe, os poetas e artistas que tinham formação literária passaram a circular em novos espaços, fazendo do teatro, do cinema e da música popular um rentável mercado para as "obras engajadas".

Em relação à atuação das vanguardas no começo dos anos 1960, a autora mostra como ela se voltou para experimentos formais ligados ao horizonte técnico da sociedade industrial. Os poetas concretos, por exemplo, propunham chegar a uma es-

---

58 Ibid., p. 26.

trutura visual do anúncio da publicidade, de modo a tornar sua mensagem negativa e, assim, crítica ao consumo. Entretanto, para Heloisa, a estetização do poema – que tentava ser "técnico, limpo e qualificado como a própria linguagem do sistema"[59] – o vertia em objeto de consumo, fazendo com que a crítica pretendida girasse em falso. Ainda que ela seja crítica à atuação das vanguardas, reconhece que elas desempenharam um papel importante ao levantar certas questões para a produção cultural do período, especialmente ao insistir na atualização da linguagem poética.

O segundo momento analisado pela autora é o tropicalismo, movimento *pop* e anárquico que, a seu ver, também teve papel fundamental na atualização da linguagem, anunciando uma espécie de rompimento com a noção de alta cultura. Segundo Helô, os tropicalistas alteravam completamente o foco do debate cultural, voltando sua crítica para a dimensão comportamental. Uma crítica que se traduzia numa dupla recusa: aos padrões de comportamento vigentes na sociedade brasileira e à esperança de mudar radicalmente o país.

Em outras palavras, as preocupações manifestadas pelos tropicalistas com o corpo, o erotismo e a subversão de valores indicavam tanto uma impaciência com a falta de flexibilidade política vigente no regime militar quanto uma desconfiança em relação aos projetos da esquerda. Heloisa acrescenta que, ao contrário dos "artistas engajados" do começo dos anos 1960, os tropicalistas não se identificavam com o povo em um sentido abstrato, mas sim com as minorias: eles falavam sobre negros, homossexuais, samba, espiritualidade de matriz africana etc.

O terceiro momento discutido em *Impressões de viagem* é a produção cultural alternativa que começa a surgir após o AI-5. No contexto de maior repressão da ditadura, quando se falava

---

59 Ibid., p. 40.

no "vazio cultural"[60] que assombrava o país, Heloisa identifica o surgimento de "poetas marginais", que divulgavam seus trabalhos em livrinhos mimeografados, offset e pequenas coleções elaboradas pelos próprios poetas. Essa nova poesia era em geral distribuída em circuitos alternativos, sendo vendidas quase que de mão em mão na porta de cinemas, teatros e museus, nos bares mais frequentados pela classe média universitária, nas praias etc. De acordo com a autora, trata-se de manifestações que pretendiam ser alternativas tanto ao engajamento comodificado da publicidade quanto à organização burocratizada dos "engajados" do CPC, que foram produzir entretenimento.

Apesar das diferenças existentes entre os "poetas marginais" – alguns muitíssimos jovens, outros menos –, Heloisa defende que, do ponto de vista poético, havia em comum a linguagem informal e leve, que recusava a "literatura classicizante" (de Carlos Drummond de Andrade e João Cabral de Melo Neto, por exemplo) e as correntes experimentais da vanguarda (especialmente o concretismo). A marca dessa poesia era, nas palavras da autora, a "experiência imediata de vida dos poetas, em registros às vezes ambíguos e irônicos e revelando quase sempre um sentido crítico independente de comprometimentos programáticos."[61]

Nos versos de alguns poetas, as metáforas de grande abstração conviviam com a agressão verbal e moral do palavrão e da pornografia. Segundo Heloisa, o uso do "baixo calão" não procurava chocar; figurava mais como um dialeto cotidiano naturalizado, ou como desfecho lírico. Isto é, o cotidiano e o corriqueiro informavam a escrita dos novos poetas, em um casamento entre arte e vida que subvertia os padrões literários então vigentes.

---

60 Z. Ventura, "O vazio cultural", in *Visão*, 1971.

61 H.B. de Hollanda, *Impressões de viagem: CPC, vanguarda e desbunde (1960/70)*, 1992, p. 98.

Não sem certo susto, Heloisa mapeou essa nova poesia desde seu surgimento, por volta de 1972. Em 1974, com Antonio Carlos de Brito (o Cacaso, professor e poeta marginal) escreveu um artigo para a revista *Argumento*, identificando um possível "surto poético" ligado a jovens independentes. Na ocasião, eles observaram: "já há quem fale de uma 'geração do mimeógrafo', de uma poesia que se vale dos meios os mais artesanais e improvisados de difusão, num âmbito necessariamente restrito."[62]

Pouco depois, em 1976, Heloisa publicou pela editora Labor uma antologia reunindo alguns dos "poetas marginais". Além do próprio Cacaso, inclui em *26 poetas hoje* nomes como Francisco Alvim, Chacal, Afonso Henriques Neto, Charles, Waly Salomão, Ana Cristina Cesar, Roberto Schwarz, Eudoro Augusto, Bernardo Vilhena, entre outros. A maioria desses poetas circulava pelos mesmos espaços que Helô frequentava no Rio de Janeiro, sendo Roberto Schwarz uma das poucas exceções.

A introdução de *26 poetas hoje* traz algumas das inquietações da autora diante da geração mimeógrafo. "Trata-se de um movimento literário ou de mais uma moda? E se for moda, foi a poesia que entrou na moda ou foram os poetas?"[63], questiona Heloisa. Se essas perguntas precisavam de certo distanciamento para serem respondidas, a autora afirma: "o fato é que a poesia circula, o número de poetas aumenta dia a dia e as segundas edições já não são raras."[64] Com sua antologia, Heloisa buscava conferir visibilidade e colocar em discussão a produção poética marginal. Gesto ousado, porque ela já tinha percebido, desde o artigo publicado em coautoria com Cacaso, que a "nova poesia" encontrava resistência tanto por seu formato artesanal quanto pela qualidade. Afirmava-se, por exemplo, que seria uma poesia

---

62 A.C. de Brito e H.B. de Hollanda, "Nosso verso de pé-quebrado", in *Argumento*, 1974, p. 81.

63 H.B. de Hollanda, "Apresentação à primeira edição (1976)", in *26 poetas hoje*, 2021, p. 26.

64 Idem.

sem qualquer "valor estético" – no máximo, diziam alguns, seria um material com "valor sociológico"[65].

Talvez por isso mesmo ela faça questão de insistir, na introdução de *26 poetas hoje*, que essa produção promovia uma "desierarquização do espaço nobre da poesia", tanto do ponto de vista da forma, considerando a simplicidade gráfica, quanto do discurso, que encurtava a distância entre o leitor e o poeta. E acrescenta: "dentro da precariedade de seu alcance, esta poesia chega na rua, opondo-se à política cultural que sempre dificultou o acesso do público ao livro de literatura e ao sistema editorial que barra a veiculação de manifestações não legitimadas pela crítica oficial."[66] Nessa antologia, então, não apenas novas autorias são reconhecidas na literatura brasileira, mas também outros modos de se fazer literatura. Reconhece-se, também, a necessidade de se ampliar o acesso à literatura. São gestos teóricos e políticos que jamais vão abandonar Heloisa a partir daí.

Mas voltemos a *Impressões de viagem*. Estávamos dizendo que as inovações da poesia marginal aparecem num terceiro momento da análise conduzida pela autora sobre os anos 1960 e 1970. É como se, nesta parte, o percurso crítico delineado ao longo do livro atingisse seu ápice. O cânone da literatura brasileira é desafiado a se ampliar com as provocações de Heloisa sobre a poesia marginal; assim como as fronteiras entre a chamada "alta literatura" e "baixa literatura" são tensionadas de modo decisivo. Lembremos a afirmação que abre o livro: "o objetivo deste trabalho é examinar alguns momentos em que a *literatura* participa de maneira direta dos debates que se desenvolvem a

---

65 Algumas polêmicas em torno da poesia marginal podem ser conferidas no segundo número da revista *José*, de 1976, que reproduz um debate entre Heloisa, alguns poetas marginais (como Ana Cristina Cesar) e críticos como Luiz Costa Lima. Em foco, coloca-se a qualidade dos textos e a discussão da poesia marginal ser ou não literatura.

66 H. B. de Hollanda, op. cit., p. 27.

partir da década de 60."[67] Falar da poesia marginal é falar de literatura, queira ou não a crítica oficial que se mostrava indignada com esses novos poetas. É também falar de cultura e política, como Heloisa não se cansa de insistir. Ao fim e ao cabo, a autora testava com sua tese de doutorado outros caminhos para a crítica da cultura no Brasil, que não restringia seu escopo aos objetos mais "nobres", eruditos e já legitimados pela crítica literária convencional.

Outro ponto da tese de Heloisa Teixeira merece uma nota específica. O aprendizado que sua crítica/autocrítica sobre a visão romântica e tutelar que a juventude do CPC (e ela própria) demonstrou em relação ao "outro" não a levou a uma atitude cética ou cínica diante dos compromissos dos intelectuais públicos. Esse é um de seus segredos, ao qual voltaremos no último capítulo. Por ora, comentaremos rapidamente a desconstrução da ideia de povo como herói por e para aquela geração.

Lucas van Hombeeck[68] estudou essa questão analisando o "Poema sujo" de Ferreira Gullar, um dos ideólogos do CPC. Lucas mostra como houve voluntarismo excessivo no jogo de encantamento e desencantamento do ideal épico de povo. No caso específico de Gullar, argumenta o sociólogo, há uma diferença entre biografia e obra que é importante observar: se como intelectual público Gullar desencantou o CPC de forma voluntarista e improdutiva, como poeta o seu desencantamento da forma povo-herói foi produtivo.

Esse desencantamento estético, pela hibridização, ou epicização do lírico e liricização do épico, é uma espécie de "organização do pessimismo" e outra figuração do poeta (e do povo), o qual continua a descer do Olimpo. Trata-se do reconhecimento de uma derrota que abre o caminho para a recomposição de

---

67 H.B. de Hollanda, *Impressões de viagem: CPC, vanguarda e desbunde (1960/70)*, 1992, p. 9.

68 L. van Hombeeck, *Poema sujo, intérprete do Brasil*, 2022.

sentidos democratizantes da cultura, portanto, na linha do modernismo brasileiro; mas que, ao contrário da poesia marginal, ninguém pode dizer que não é poesia. Em outras palavras, Gullar quebra a relação de representação entre poeta-herói e povo, o que permite outra dinâmica de escuta com a memória, a infância, enfim, o "povo" – que mesmo desencantado não é inexistente, mas uma sobrevivência, um vaga-lume (como ensina Pier Paolo Pasolini)[69] na imaginação de um Brasil mais digno para os seus.

Feita a ressalva, esse contraste entre vida e obra é bastante improvável no caso da crítica de Helô Teixeira, até pelas muitas narrativas de si que ela fez e tornou disponível ao longo do tempo em entrevistas, depoimentos e livros. Mas o fracasso da sua geração, tal como por ela vivido e narrado, foi muito produtivo. Assim como foi potente o suficiente para levá-la a questionar os pressupostos não apenas políticos, mas também teóricos e estéticos envolvidos naquela utopia de aproximação com o povo e seguir em frente buscando formas inovadoras de experimentar e aprender com a alteridade e com os conflitos entre atores sociais diferentes.

Uma mudança das mais significativas referentes aos anos de juventude, talvez seja a própria redefinição política dos termos da relação de alteridade. No caso do CPC, por exemplo, o seu "outro" típico parecia levar uma existência tão distante do próprio universo social e cultural dos jovens engajados (urbanos, cosmopolitas, da classe média, universitários), que as hierarquias as quais tentavam combater com uma das mãos acabavam recriadas pela outra.

No caso de Heloisa, sua curiosidade e sensibilidade ímpares levaram-na a observar (e a documentar) a pluralidade de estratégias da poesia, vista como um território privilegiado para testemunhar a experiência social da juventude. O mais importante, porém, é que era essa uma poesia que desafiava tanto a

---

69 P.P. Pasolini, "Il vuoto del potere ovvero l'articolo dele lucciole", in *Corriere dela Sera*, 1975.

tradição literária estabelecida quanto o mercado editorial, uma vez que os livros não eram confeccionados nem distribuídos pelos meios tradicionais, mas sim em um trabalho coletivo que esbanjava irreverência.

Certamente há outras perspectivas sobre a poesia marginal, inclusive do ponto de vista dos próprios protagonistas desta geração de poetas, que não necessariamente coincide com a dos mediadores, como Heloisa Teixeira. Podemos lembrar, por exemplo, do pequeno texto "Consciência marginal", escrito por Eudoro Augusto e Bernardo Vilhena em 1975, na edição de estreia da revista *Malasartes*, ou do ensaio de Cacaso "Tudo da minha terra", de 1978, publicado na revista *Almanaque*. Em ambos, os poetas afirmam que a marginalidade não era exatamente uma escolha, mas uma forma de "sobrevivência" ao contexto, mesmo que sujeita aos limites impostos pelos canais amadores de venda e pelo alcance restrito de público.

E também há perspectivas mais recentes, que visam incluir outros elementos ao debate ou mesmo problematizar a ideia de "marginalidade". Podemos mencionar o artigo de Frederico Coelho "Quantas margens cabem em um poema? Poesia marginal ontem, hoje e além" (2013), o livro *Poesia em risco: itinerários para aportar nos anos 1970 e além*, de Viviane Bosi, publicado em 2021, ou ainda o artigo no prelo de Eduardo Coelho "Os marginais: 'mais precário é parar de escrever ou esperar sentado as soluções exteriores'". De toda maneira, sendo uma das principais mediadoras que acompanhou de perto a produção da geração mimeógrafo, a perspectiva de Helô é incontornável, seja para aderir a ela, seja para recusá-la.

Se *Impressões de viagem* e a antologia *26 poetas hoje* são exemplos da curiosidade e sensibilidade da autora para analisar os anos 1960-1970, *Patrulhas ideológicas* (1980), *Poesia jovem anos 70* (1982), *Cultura e participação nos anos 60* (1982) também são trabalhos importantíssimos. Uma palavra sobre o último livro: trata-se de uma das "joias da coroa" da coleção Tudo é história (1981-2011) da Editora Brasiliense, que, assim como congênere Primeiros Passos (1979-2011), teve papel crucial na formação de novas gerações de leitoras e leitores em ciências humanas e artes.

O título não poderia ser mais feliz: *cultura e participação*. Isso é tudo o que Heloisa viveu nos anos 1960 e soube transformar em chave analítica quando, na década seguinte, passou a interpretar essa experiência. Escrito com seu então orientando de doutorado na Escola de Comunicação da UFRJ, Marcos Augusto Gonçalves, o livro não apenas divulgou em linguagem mais acessível os complexos problemas abordados anteriormente na sua tese de doutorado – muito embora a preocupação com a linguagem e a comunicabilidade de seu texto crítico seja uma constante –, como também trouxe uma visão de cultura muito mais inovadora e dinâmica da que o leitor de então estava habituado.

Cultura não como um campo de consenso e unificação das diferenças, na chave propagada pela própria ditadura militar, mas como um campo aberto de possibilidades, que envolve inclusive conflitos e uma possível transformação da sociedade. O livro começa com os sonhos e projetos dos atores culturais dos anos 1960 e termina com a sua derrota, sobretudo, em função da instituição do AI-5, em dezembro 1968. A ideia de cultura *como* participação não deixou mais a pena e o teclado críticos de Heloisa Teixeira, ganhando, ao longo dos anos, outras relações: participação como escuta, como reconhecimento, como direito.

Uma crítica em que ressoa a valorização do jogo entre escrita e oralidade aprendida no estudo da épica no curso de graduação em grego clássico, lição que, de alguma forma, contribuiu para que ela sempre se mantivesse atenta à poesia. Em *Escolhas*, por exemplo, Heloisa afirma: "Eu adoro poesia. Minha mídia é essa, é a poesia. Experimento a poesia de várias formas, lendo, lembrando, olhando."[70] Esse gesto interessado, e também a

---

70 H.B. de Hollanda, *Escolhas: uma autobiografia intelectual*, 2009, p. 127.

aceitação de suas preferências estéticas e políticas no exercício crítico de confronto de linguagens, não parece um problema para ela, sempre atenta sobretudo à experimentação das linguagens artísticas e seu potencial transformador da cultura.

Essa tendência de lançar luz sobre a poesia centrada em uma aproximação original entre palavra e vida poética se manifestou em suas análises da geração mimeógrafo, mas não parou por aí. Posteriormente, como veremos no último capítulo, Heloisa passar a incentivar e apoiar a publicação de autores e autoras da periferia, cujas propostas, mesmo distintas, são questionadoras dos lugares e dos suportes tradicionais da produção poética no Brasil. Mais recentemente, em 2021, ela também publicou uma nova antologia, *As 29 poetas hoje*, reunindo apenas a produção poética feminina. E, assim, assumindo a poesia também como forma de ação coletiva ou colaborativa, que envolve agentes e modos distintos de intervenção no espaço público, Heloisa renova sua relação com a escrita em versos.

Vejamos agora um pouco da interlocução de Helô Teixeira com outros críticos que também abordaram as relações entre cultura e política durante a ditadura.

"SOB A CABEÇA OS AVIÕES"

Roberto Schwarz participou intensamente das discussões sobre cultura e política no pós-64. Jovem professor universitário, foi assistente de Antonio Candido na Cadeira de Teoria Literária e Literatura Comparada, criada em 1961 na USP. Além de preparar suas aulas, esteve envolvido, como comentamos rapidamente no primeiro capítulo, com as leituras do segundo Seminário de *O Capital* e com a elaboração da revista *Teoria e Prática*.

Em conversa com Caroline Tresoldi em 2016,[71] ele comentou que após o golpe acompanhou de perto as discussões do movimento estudantil, assistiu a peças do teatro político em São Paulo e no Rio de Janeiro e participou de muitas discussões sobre cinema. Ou seja, envolveu-se com os movimentos que contestavam de alguma forma a ditadura. Com o endurecimento do regime militar no final de 1968, Roberto decidiu deixar o país. Partiu para Paris, onde conviveu com colegas, políticos e outros intelectuais brasileiros que faziam, de lá, oposição à ditadura no Brasil. Foi na França que ele começou a escrever sobre os sentidos de 1964 para os rumos da sociedade brasileira.

É relativamente conhecida a história da elaboração do célebre ensaio "Cultura e política, 1964-1969", mas vale lembrar alguns detalhes. Roberto tinha conseguido, por intermediação de Violeta Arraes Gervaiseau, irmã do político Miguel Arraes, um espaço no jornal *Le Monde* para escrever sobre os primeiros anos da ditadura militar no Brasil. Sem cumprir o prazo dado pelo jornal e extrapolando muito o tamanho do texto sugerido, acabou conseguindo um outro espaço na prestigiosa revista *Les Temps Modernes*, dirigida por Jean-Paul Sartre. Foi nela que apareceu, em 1970, o ensaio "Remarques sur la culture et la politique au Brésil, 1964-1969" (Notas sobre a cultura e a política no Brasil, 1964-1969, em tradução livre).

Escrevendo para um público estrangeiro e registrando uma experiência "pessoal e de geração", Roberto Schwarz aborda no ensaio alguns assuntos em pauta no Brasil nos anos 1960. Trata, por exemplo, da política de João Goulart e Miguel Arraes e seus braços culturais, como o Movimento de Cultura Popular (em Pernambuco) e os Centros Populares de Cultura (sobretudo no Rio de Janeiro). Além de fazer uma avaliação do golpe e do

---

71 Entrevista concedida a Caroline Tresoldi, em sua casa em São Paulo, dezembro de 2016. (N.E.)

papel que as elites brasileiras assumiram nele, um dos focos de discussão é a produção cultural do período posterior à ruptura democrática.

Para resumir o raciocínio, Roberto traçou o seguinte diagnóstico: o golpe não havia acabado, ao menos não em um primeiro momento, com a movimentação cultural no campo da esquerda, que se fazia presente na arquitetura, no cinema, no teatro, na canção popular, nas artes plásticas, além de ser bastante evidente no movimento estudantil. Ou seja, o ideário da esquerda continuava existindo em alguns circuitos. O autor comenta, por exemplo, que as livrarias de São Paulo e do Rio estavam "cheias de livros marxistas", as estreias de peças de teatro progressistas eram recorrentes, assim como os festivais de música. Daí a sua afirmação tão polêmica e comentada publicada em "Cultura e política, 1964-1969": "apesar da ditadura de direita, há relativa hegemonia cultural da esquerda no país."[72]

O golpe, contudo, mudou sensivelmente os termos do debate e a atitude intelectual e artística. Segundo Roberto, a solidariedade de classes entre artista/intelectual e as classes populares, visada por muitos no começo dos anos 1960, foi impedida com a ditadura. A produção cultural ligada à esquerda se concentrou, assim, em grupos específicos, como estudantes, artistas, jornalistas e parte dos sociólogos e economistas.

Na avaliação de Roberto, a cultura de esquerda conseguiu circular sem grandes restrições até o final de 1968, quando o cenário se modificou com o AI-5. Diz ele:

> Se em 1964 fora possível à direita "preservar" a produção cultural, pois bastaria liquidar o seu contato com a massa operária e camponesa, em 1968, quando o estudante e o público dos melhores filmes, do melhor teatro, da melhor música e dos melhores livros

---

72 R. Schwarz. "Cultura e política, 1964-1969", in *O pai de família e outros estudos*, 1978, p. 62.

já constituem massa politicamente perigosa, será necessário trocar ou censurar os professores, os encenadores, os escritores, os músicos, os livros, os editores – noutras palavras, será necessário liquidar a própria cultura viva do momento. [73]

Uma vez traçado o panorama cultural e político do começo da ditadura, o autor passa a analisar algumas das principais manifestações culturais do período, com destaque para o tropicalismo, o Teatro de Arena e o Teatro Oficina.

Em relação ao tropicalismo, ao qual tece as mais duras críticas, Roberto observa que ele é um estilo que transformou a coexistência entre arcaico e moderno – tão recorrente na história brasileira e reforçada pela própria ditadura militar – em alegoria do Brasil. Segundo o crítico, nomes como Gilberto Gil, Caetano Veloso, José Celso Martinez Corrêa, Joaquim Pedro de Andrade com seu *Macunaíma*, Carlos Diegues e Glauber Rocha produziram obras em que elementos arcaicos são justapostos aos modernos. Nas palavras dele:

> [...] a reserva de imagens e emoções próprias ao país patriarcal, rural e urbano, é exposta à forma ou técnica mais avançada ou na moda mundial – música eletrônica, montagem eisensteiniana, cores e montagem do pop, prosa de *Finnegans Wake*, cena ao mesmo tempo crua e alegórica, atacando fisicamente a plateia.[74]

Para Roberto, a combinação entre antigo e novo promovida pelo tropicalismo torna incerto o que é "sensibilidade e oportunismo", "crítica e integração", demarcando uma nova situação intelectual, artística e de classe no país, notoriamente repleta de ambiguidades.

Já no caso da produção teatral, comenta algumas peças a que assistiu do Teatro de Arena, dirigido por Augusto Boal, e outras

73 Ibid., p. 63.
74 Ibid., p. 74.

do Teatro de Oficina, dirigido por Zé Celso. Enquanto o Arena, em sua perspectiva, manifestava uma euforia ingênua e propunha uma espécie de acordo tácito entre palco e público, o Oficina partia do pressuposto contrário, de que qualquer acordo entre palco e plateia seria um erro ideológico e estético. Diz ele:

> Se o Arena herdara da fase Goulart o impulso formal, o interesse pela luta de classes, pela revolução, e uma certa limitação populista, o Oficina ergueu-se a partir da experiência interior da desagregação burguesa de 1964. Em seu palco esta desagregação repete-se ritualmente, em forma de ofensa (...). Ligava-se ao público pela brutalização, e não como o Arena, pela simpatia; e seu recurso principal é o choque profanador, e não o didatismo.[75]

Apesar de mostrar mais simpatia pelo teatro dirigido por Augusto Boal, Roberto observa que nem o Arena nem o Oficina apresentaram uma resposta satisfatória à derrota de 1964. Feitas todas as contas, para ele, a movimentação cultural à esquerda em plena ditadura contestava com certa ambiguidade o poder, mas, além de não ter como tomá-lo (pois, como sugere, só a luta armada conseguiria), não produzia uma reflexão sobre os motivos que levaram à interrupção de um caminho alternativo para a sociedade brasileira que estava no horizonte no começo de 1960. Compreender os sentidos dessa derrota era, a seu ver, imprescindível para a recomposição das forças democratizantes.

É significativa a discordância de Heloisa Teixeira com as conclusões de Roberto Schwarz sobre o papel dos movimentos culturais do período e, sobretudo, com o sentido da atuação deles. Roberto desentranha os limites dos movimentos, mas não passa deste ponto. Mantém a sociedade e a cultura em suspenso, à espera de alguma forma de resolução macrossocial e política-institucional dos impasses que ele aponta. Heloisa alcança

75 Ibid., p. 85.

esses limites, concorda em parte com a forma como Roberto os analisa, mas não para por aí, segue em frente. E seu caminho a partir deste ponto segue uma direção diferente.

Uma das defesas mais contundentes de *Impressões de viagem* é a de que a produção cultural não reflete as relações sociais. Para Helô, os problemas mais gerais do contexto – modernização, democratização, nacionalismo e fé no povo – sofrem inflexões de acordo com interesses distintos e com as técnicas disponíveis para a produção cultural, como já vimos. Não são formas objetivadas da sociedade. São, antes, repertórios que em combinações diversas acabam por sugerir um contexto menos estruturado e mais poroso, mais contingente, mais até, por tudo isso, incerto. A pluralidade de textos e contextos fomenta uma perspectiva dialógica, em que os problemas mais gerais do período da ditadura são abordados e formulados segundo concepções estéticas e políticas diversas e muitas vezes conflitantes.

Volta à cena Walter Benjamin, um de seus interlocutores preferidos desde a segunda metade dos anos 1960. Heloisa mobiliza uma noção de técnica benjaminiana que, se não deixa de levar em conta certa autonomia do âmbito artístico, também não perde de vista que a forma tem uma função política. Por não trabalhar sob a ótica da cultura como reflexo das relações sociais, ela se mostra atenta para a possível dimensão emancipadora que a cultura pode produzir mesmo no limite. Diz ela na tese:

O conceito de *técnica literária* dá acesso à análise dos produtos literários em seus contextos e é através dele que se poderá dizer a função política dessa produção. Ou seja: em que medida ela estará reabastecendo o aparelho produtivo do sistema ou atuando para modificá-lo. A função política da obra – sua eficácia revolucionária – não deve, então, ser procurada nas imprecações que dirige ao sistema ou em sua autoproclamação como obra de transformação social, mas, antes, na técnica que a produz – na conformação ou não dessa técnica às relações literárias de produção estabelecidas.[76]

A mudança, portanto, depende de inovações técnicas, formais. A mera afirmação, no texto, de interesse revolucionário não é suficiente para que relações mais democráticas de fato se tornem possíveis. E aqui entra uma dimensão contextual importante: a relação entre produtores e público; entre os envolvidos na conversa e quais são os termos do diálogo. É possível perceber, assim, que a forma informa a relação que será travada entre artista e público. Para cada noção de público há uma forma diversa, umas com maior potencial de inovação e outras mais afins à reiteração de um quadro de relações já vigente.

No entanto, a análise de Heloisa não sugere que uma determinada forma encerra em si todas as suas possibilidades. Se a produção cepecista, por exemplo, de fato assumiu um caráter paternalista, não deixou de atuar para mobilizar uma camada mais jovem de artistas e intelectuais. E é essa camada mais jovem que engrossará o público das novas produções culturais surgidas a partir do golpe de 1964. Isso é um fator importante, uma vez que, embora o regime autoritário recém-instalado não tenha impedido a circulação das produções teóricas e intelectuais de esquerda, como tanto Roberto quanto Heloisa afirmam, ele limitou bastante o alcance delas.

Na interpretação de Helô, as ambiguidades das produções culturais do período pós-golpe expressam uma crise mais ampla em relação aos discursos fechados e totalizantes, às "verdades, certezas e palavras de ordem". Esse seria especialmente o caso do tropicalismo, que, segundo ela, recusava o

---

76 H.B. de Hollanda, *Impressões de viagem: CPC, vanguarda e desbunde (1960/70)*, 1992, p. 27.

[...] discurso populista, desconfiando dos projetos de tomada de poder, valorizando a ocupação dos canais de massa, a construção literária das letras, a técnica, o fragmentário, o alegórico, o moderno e a crítica de comportamento.[77]

Com base em uma perspectiva benjaminiana, a autora argumenta que os tropicalistas adotariam uma posição de desconfiança diante dos símbolos, aos universais-concretos que buscariam exprimir uma visão de totalidade. O recurso que eles mobilizaram foi, em contraponto, o da alegoria. Seria pela alegoria que o outro e os vários outros poderiam ser representados sem perder sua alusividade pluralista, sua diversidade. Seria por meio desse recurso, portanto, que as produções tropicalistas se prestariam a uma comunicação em que a linguagem não se predispusesse a tornar o mundo estático, mas sim inteligível em seu movimento e opacidade.

De acordo com Heloisa, embora reconhecesse a dimensão alegórica do tropicalismo, Roberto Schwarz produziu uma crítica muito próxima a que Lukács fez a Benjamin. Contrapondo-se à afirmação de Benjamin de que a modernidade seria caracterizada pela alegoria, Lukács argumenta que falta à alegoria justamente a preocupação com o futuro, o que "acabaria a levá-la a um beco sem saída: a linguagem do desespero, impossibilitada de suprir as necessidades histórico-universais da arte", como Heloisa menciona em *Impressões de viagem*.[78] Assim, ela chama a atenção para o fato de que as produções tropicalistas traziam em si a marca do debate travado no contexto pós-64, e que a sua ambiguidade não era ingênua, mas uma forma de crítica às formulações totalizantes existentes tanto à esquerda quanto à direita.

Se Heloisa concorda com Roberto no que diz respeito ao horizonte de comunicação possível no contexto do pós-64, tam-

---

77 Ibid., p. 55.

78 Ibid., p. 59.

bém não deixa de apontar a falta de acuidade do crítico em não perceber de modo mais global que a ambiguidade tropicalista colocava em cena uma nova linguagem, crítica e subversiva especialmente no sentido da subversão de valores e padrões de comportamento, como explica em sua análise.

Embora informados por uma noção de público mais restrita do que a assumida pelo CPC – em parte devido ao bloqueio dos canais de comunicação com as classes populares imposto pela ditadura de 1964 –, os tropicalistas não perdem o viés crítico da arte engajada. Sua crítica, no entanto, em contraste com a fomentada pelos cepecistas, não visa à tomada do poder e se volta para a dimensão subjetiva e comportamental; além disso, seu público não é o povo brasileiro indiferenciado, mas as classes médias e as minorias urbanas.

Lendo Roberto, Heloisa oferece outra chave de interpretação sobre as relações entre cultura e política no Brasil dos anos 1960, sobretudo porque aposta nas descontinuidades, ambiguidades e fraturas expressas em discursos intelectuais e artísticos. A própria representação da literatura, tal como se definia na produção do CPC e das vanguardas, passaria a ser repensada juntamente com os conceitos e valores que a informavam.

Este processo foi observado dentro de um quadro mais geral marcado, principalmente, por crescente descrença em relação às linguagens do sistema e mesmo da esquerda tradicional. É essa crise de valores, porém, que acaba por estimular o surgimento de novas técnicas de intervenção cultural, como a poesia marginal. A importância do intelectual público está aí: na habilidade de se sintonizar com seu tempo e com o espaço possível de ação, assim como de assumir com coragem os equívocos de sua visão diretiva, vanguardista.

A DEMOCRATIZAÇÃO DA CULTURA

A conversa entre Heloisa Teixeira e Silviano Santiago começou no início dos anos 1970. Em 1976, quando a antologia *26 poetas hoje* é publicada, esse diálogo parece já engrenado, até porque Silviano era professor de vários dos poetas marginais na PUC-Rio, instituição na qual passou a lecionar em 1974 e formou as primeiras turmas de pós-graduação em Literatura Brasileira. São do mesmo ano dois livros superimportantes de Silviano: *Glossário de Derrida* e *Carlos Drummond de Andrade*.

Esse era um momento de amadurecimento intelectual e artístico do próprio Silviano, após sua decisão, algo surpreendente, de se estabelecer no Rio de Janeiro, depois de construir uma bem-sucedida carreira universitária em alguns dos mais prestigiosos departamentos de francês nos Estados Unidos na década anterior. O período da segunda metade da década de 1970 é justamente o de elaboração do projeto que viria a se tornar o romance *Em liberdade* (1981), um dos seus maiores sucessos de crítica e de público.

Os ensaios escritos por Silviano entre o final dos anos 1970 e começo de 1980 estão reunidos em sua segunda coletânea, *Vale quanto pesa*, publicada em 1982. Essa coletânea revela a múltipla personalidade que tem caracterizado seu papel como especialista rigoroso e intelectual público: Silviano é participante ativo da vida universitária brasileira e da formação de jovens pesquisadores, enquanto também marca presença no debate público por meio de jornais e suplementos culturais. Isso sem mencionar os intercâmbios entre o crítico e o ficcionista.

Sua segunda coletânea de ensaios foi publicada poucos anos depois da primeira, *Uma literatura nos trópicos*, lançada em 1978. Como observaram André Botelho, Maurício Hoelz e Gabriel Martins da Silva na hospedagem que fizeram de *Vale quanto pesa* no *blog* da Biblioteca Virtual do Pensamento Social em 2023, a coletânea de estreia de Silviano possui uma "estrutura bipartida".[79] Enquanto a primeira parte discute grandes temas da crítica literária especializada e os romances ícones do século XIX brasileiro com um arsenal teórico informado pelo pós-estruturalismo francês; a segunda parte explora o caminho das micropolíticas da identidade e da sexualidade, seguindo os índices contidos nas práticas de transgressão e marginalidade na contracultura, na música, na poesia, no romance etc. Noções como "superastro", "curtição" e "desbunde" surgem nos ensaios para descrever a efervescência cultural da década de 1970 no Brasil.

Por aí já se vê afinidades mais do que simplesmente eletivas entre a interpretação de Helô Teixeira dos anos 1960-1970 e o programa crítico que Silviano apresentava simultaneamente, dando passos importantes para a ampliação do campo da cultura no Brasil. No caso de Silviano, a matéria-prima de sua crítica é formada no trânsito entre a universidade estadunidense, as primeiras aulas sobre literatura brasileira, o encontro com o pensamento francês e a experiência universitária brasileira durante os anos de ditadura. A junção dos ensaios heterogêneos forma a argamassa que garante coerência à sua primeira coletânea, apostando, como Heloisa também estava fazendo, em novos objetos e sujeitos para a crítica literária.

Já no caso de *Vale quanto pesa*, o livro mantém e aperfeiçoa os enquadramentos teóricos e balizamentos empíricos principais de *Uma literatura nos trópicos*. Além disso, temos a "dobradinha" de "O entre-lugar do discurso latino-americano", do livro de 1978, com "Apesar de dependente, universal", do livro de 1982. Os dois ensaios, se lidos juntos, fornecem uma espé-

---

79 O experimento intelectual e estético inspirado na categoria de "hospedagem" de Silviano Santiago, volta-se para as comemorações dos quarenta anos de seu *Vale quanto pesa*. Foi proposto para autoras e autores de até quarenta anos de idade um exercício de comentário, repetição, suplementação e hospedagem dos 18 textos reunidos na coletânea de 1982. Para conferir, acesse o Blog da Biblioteca Virtual do Pensamento Social: <https://blogbvps.com/category/hospedagem-vale-quanto-pesa/>.

cie de quadro geral para o debate sobre dependência cultural no campo das artes, localizando Silviano Santiago dentro desse complexo arranjo. Era precisamente esse o clima da discussão dos anos 1970, agrupando autores tão diferentes como Roberto Schwarz, Antonio Candido e Haroldo de Campos, cujos esforços tentavam conferir uma resposta dos estudos literários ao problema da dependência, formulado anteriormente por Celso Furtado e o grupo ligado à Cepal.

Vale quanto pesa também ressoa a preocupação de Silviano com o contemporâneo. O título do livro, ao trazer o produto emblemático da propaganda da época, o sabonete desodorante Vale quanto pesa, não deixava dúvidas sobre a direção do pensamento do autor; quer dizer, garantir, a partir de suas análises, estatuto crítico aos produtos culturais de massa, aos objetos artísticos que ganharam notoriedade junto ao grande público, e explorar novos temas para a literatura comparada. Revela-se, assim, o intuito de fugir, mesmo que momentânea e sorrateiramente, das obras simplesmente literárias, já consagradas pela crítica universitária. A noção tradicional de literatura com a qual a crítica brasileira ainda vinha trabalhando rotineiramente é sutil, mas decisivamente abalada na coletânea de 1982.

Pense-se no sentido de uma coletânea de ensaios que se inicia com um poema rasurado; ou da afirmação que abre o ensaio que lhe dá título: "Nesta altura do século XX, seria imprudente começar a escrever sobre ficção brasileira contemporânea sem se levar em consideração o fato de que é veiculada através de um objeto a que chamamos livro."[80] Ou ainda, pense-se na poesia de João Cabral de Melo Neto ("As incertezas do sim") figurando ao lado da de Adão Ventura ("A cor da pele"), alocando dois poetas, um consagrado e outro em ascensão, na mesma chave qualitativa, de modo a conferir uma análise justa ao primeiro e garantir

---

80 S. Santiago, "Vale quanto pesa", in *Vale quanto pesa: ensaios sobre questões político-culturais*, 1982, p. 25.

legitimidade ao segundo. Só esses vislumbres já dão a medida do tom inovador da obra.

A coletânea traz ainda a primeira interpretação da linguagem literária de Lima Barreto que mostra a experiência do autor preto e suburbano tomando forma. Lima e Adão, as cores afetando e alterando a noção estética de poesia e literatura, dando palco ao debate racial, campo fechadíssimo à época e ainda hoje anacronicamente ilhado em escolas e instituições literárias que perderam ao menos dois bondes da história: o da política do reconhecimento e o da ampliação da noção do literário que ela pode – e deve – acarretar.

Os conflitos refletidos na coletânea são, em grande medida, balizadores da crítica literária e da cultura que modelaram o nosso campo tal como hoje o conhecemos e com o qual nos confrontamos. Como notou Frederico Coelho, *Vale quanto pesa* é uma multiplicidade de balanços e, do ponto de vista substantivo, aponta a necessidade de se passar a limpo e arrumar o campo cultural do país, "entre os lugares dependentes do poder e do público – *Vale quanto pesa* permanece como uma experiência simultânea de diagnóstico e prognóstico dos passados, presentes e futuros brasileiros."[81]

Uma entrevista, não por acaso, com Heloisa (à época Buarque de Hollanda), encerra a coletânea de Silviano. Nessa conversa, discute-se o papel do crítico na virada dos anos 1980, após termos acompanhado, ao longo dos ensaios, reflexões sobre censura, mercado e ditadura – fenômenos que impactaram esse papel. Talvez seja este, enfim, o denominador comum de *Vale quanto pesa*, que discute a reflexividade da crítica em suas relações multidimensionais, interseccionais e complexas com os produtores culturais e com os leitores. Relações em intensas e aceleradas transformações naqueles anos, como estamos vendo neste capítulo.

81 F. Coelho, *Trovoadas em dia de chuva*, 2023.

Desde seus primeiros trabalhos acadêmicos, Helô tem assumido a reflexividade entre sujeitos e objetos com susto e paixão. Como comenta na abertura de *Impressões de viagem*: "Essa análise corre e assume todos os riscos de trabalhar a cultura *em processo*" ... "que traz a possibilidade tentadora de uma atuação crítica no próprio desenrolar do processo."[82] Ela, enquanto crítica da cultura, se reconhece agente parte do processo em análise.

A radicalidade com que assumiu a sua posição no texto não é só uma postura pessoal rebelde, mas também uma espécie de epistemologia crítica. Como ela mesma explica:

> Num certo sentido, a investigação desse debate é a investigação dos fundamentos do meu próprio percurso intelectual, ou seja, da sequência de contradições e descaminhos que constituíram a possibilidade teórica deste trabalho. Tanto o título *Impressões de viagem* quanto, em vários momentos, a opção pela "distensão" da forma do relato, mais própria ao narrador do que ao analista, tomam esse partido.[83]

Não exageramos ao assinalar que é justo o caminho inusitado escolhido por Heloisa que leva sua crítica ainda mais longe e de modo mais radical. Ela certamente faz uma provocação, mas não apenas por decidir escrever em primeira pessoa. Heloisa, àquela época, já desenvolvia algo semelhante ao que hoje é referido como "autoetnografia", ao misturar memória, autobiografia e histórias de vida, numa proximidade arriscada com seu "objeto" e conscientemente assumida a partir de seu declarado "lugar de fala".

E é quase como se ela tivesse que ser escrita assim para resguardar a própria independência crítica frente aos diferentes contextos em que se inscrevia – político e social, mas também

---

82 H.B. de Hollanda, op. cit., p. 10.
83 Idem.

acadêmico. A "autocrítica" parece a única forma/técnica adequada (alô, Benjamin: a forma tem uma função política) para fazer o devido ajuste de contas com a sua geração, tensionando as relações literárias de produção estabelecidas.

Quer dizer, Heloisa se coloca de maneira deliberada e controversa como um sujeito "sujo" numa tese acadêmica – e não como uma analista cuja autoridade se baseia em ser asséptica: distante, neutra e objetiva (o que, em geral, é uma prerrogativa dos homens) – para desafiar, por dentro, o que chama de "linguagem do sistema" e o binômio saber e poder, politizando uma relação de conhecimento unilateral que, para conservar seu privilégio epistêmico, se apresentava como não política.

Essa postura é totalmente coerente com a visão da cultura como campo de conflito reflexivo entre mudanças subjetivas e institucionais, e com a ideia de que uma parte considerável das mudanças produzidas pelos movimentos sociais e culturais decorrem de transformações nos seus participantes. Maurício Hoelz, nosso primeiro leitor, nos ajudou bastante nesse arremate final.

* * *

Para não dizer que não falamos de flores ou de espinhos ao tratar mais diretamente dos trabalhos de Heloisa sobre sua geração, é curioso o caso do livro *Patrulhas ideológicas: arte e engajamento em debate*, que ela organizou com Carlos Alberto Messeder Pereira, publicado também em 1980 e também pela Brasiliense, assim como sua tese. O material do livro é riquíssimo – entrevistas e testemunhos de alguns dos atores centrais das artes dos anos 1960-1970 – e até se pode considerar complementar ao livro *Impressões de viagem*.

Todavia, a própria noção de "patrulhas ideológicas", cunhada e registrada pelo cineasta Cacá Diegues em 1978, nos parece contraproducente ao argumento de Heloisa. Não apenas por jogar água no moinho que separa "esquerda marxista" e "esquerda festiva", mas também por, como ideia repressiva, acirrar a oposição de projetos a qual, no limite, compromete a própria ideia de democracia que em tese pretenderia defender.

A dicotomia entre "liberdade" e "controle" que está na base do livro, e o torna problemático a nosso ver, é ela mesma um efeito da ditadura militar. A "esquerda festiva" emerge justamente num momento em que a tentativa de aliança entre intelectuais, artistas, líderes sindicais e movimentos sociais já havia sido obliterada pelo regime autoritário. Nunca é demais lembrar que uma das primeiras providências da ditadura militar foi justamente arruinar a base social das lutas políticas, fechando sindicatos e perseguindo, prendendo ou matando seus líderes, que não tinham acesso à mídia ou à indústria cultural que então se modernizava no Brasil.

Assim, mais interessante ainda é perceber que a tese do livro *Patrulhas ideológicas* se torna contraproducente em virtude também da própria escolha lúcida dos atores políticos a serem entrevistados. Afinal, algumas entrevistas obviamente contradizem a tese que aparentemente é defendida desde o título do livro.

3

ESTUDOS CULTURAIS: CIRCULAÇÕES E ENCONTROS

CHEGANDO ATÉ AQUI, já sabemos como a personalidade intelectual de Heloisa Teixeira se multiplica em muitas frentes de atuação. E como a leitura que ela faz da própria geração (e dela mesma) em *Impressões de viagem* aponta para a diversidade do contexto cultural e político dos anos 1960-1970. Os próximos passos nos levam a outras frentes de atuação da Helô: sua escrita na grande imprensa, um material talvez menos conhecido entre seus leitores e leitoras de hoje, mas no qual vemos emergir toda a força de sua crítica cultural; seu trabalho como organizadora de coletâneas, como editora e articuladora de debates; e seu papel na criação de centros de pesquisa voltados para o estudo da cultura contemporânea.

Escolhemos tratar de sua atuação entre a década de 1980 e meados de 1990 considerando um quadro latino-americano de circulação de ideias, pessoas e livros. Embora o referente latino-americano seja quase sempre instável e algo problemático, ele nos permite assinalar como Heloisa fez dos estudos culturais – essa "teoria viajante",[84] como ela gosta de dizer – um abrigo para articular seus variados interesses de pesquisa e criou espaços institucionais que contribuíram para a sua difusão no Brasil e na América Latina.

HELÔ NO *JORNAL DO BRASIL*

Helô Teixeira está sempre em movimento, dentro e fora da universidade. Após encerrar uma etapa importante da formação de qualquer acadêmico, que é a defesa de sua tese de doutoramento, e escolher lecionar em regime integral na Escola de Comunicação da UFRJ, deixando, por alguns anos, a Faculdade

---

84 H.B. de Hollanda, "A questão do mútuo impacto entre a historiografia literária e os estudos culturais", in *Onde é que eu estou? Heloisa Buarque de Hollanda 8.0*, 2019.

de Letras, ela passou a colaborar mensalmente com um jornal carioca de grande circulação nacional na época.

No começo da década de 1970, Heloisa já tinha contribuído eventualmente com jornais alternativos de oposição à ditadura, como o *Opinião*, para o qual escreveu sobre arte e poesia. Ela era mais do que familiarizada com as práticas gerais do jornalismo, e havia participado da produção e direção de programas de TV, como o "Culturama: programa estudantil sem drama", na TVE/UFRJ (entre 1979 e 1980), e apresentado o programa "Café com Letra", na Rádio MEC (entre 1978 e 1980), em que discutia poesia, música e cinema. Mas é no final de 1980, apostando no "ensaio democrático" que se abria com a Lei da Anistia, sancionada no ano anterior, que Helô resolve se arriscar a colaborar com mais frequência com a grande imprensa. Em *Escolhas* pondera: se "não fossem os novos ventos, provavelmente, não teria me exposto tão publicamente."[85]

No processo de abertura política – lentíssimo, gradual e seguro, como queriam os militares –, a imprensa brasileira começou a deixar para trás os duros anos de repressão e censura prévia, que impactaram, e muito, o conteúdo veiculado nos grandes jornais, assim como a seleção dos colaboradores. No caso dos Suplementos Literários, Silviano Santiago[86] observa, em entrevista concedida para a própria Heloisa, que eles passaram a ter um formato novo, no qual cabia apenas e exclusivamente a resenha dos livros que estavam sendo publicados pelo mercado editorial, sem muito espaço para reflexões mais amplas sobre cultura, política e sociedade. Havia espaço para algo a mais na virada para os anos 1980? Helô apostou nisso.

Em 13 de dezembro de 1980, ela foi apresentada na primeira página do *JB*:

---

85 H.B. de Hollanda, *Escolhas: uma autobiografia intelectual*, 2009, p. 64.

86 S. Santiago, "Entrevista", in *Vale quanto pesa: ensaios sobre questões político-culturais*, 1982.

Heloisa Buarque de Hollanda, a partir de hoje, está uma vez por mês no *Jornal do Brasil*, dividindo com Wilson Martins, José Guilherme Merquior e Mário Vargas Llosa espaço destinado à crítica de livros e ideias. Professora da UFRJ, Heloisa publicou várias obras, entre as quais *26 poetas hoje*, *Companheiros* [sic] *de Viagem* e *Patrulhas Ideológicas*.[87]

Mais adiante, no Caderno B, incluíram-se mais informações sobre a formação e as atividades profissionais da nova colaboradora, que entrava para um time de peso.

Talvez Helô nem precisasse dessas credenciais todas para ser apresentada ao público leitor do Caderno B. Seus livros, afinal, já vinham sendo divulgados naquelas páginas desde 1976, quando ela publicou a polêmica antologia *26 poetas hoje*. Além disso, era requisitada por jornalistas para comentar questões que envolviam a cultura brasileira, especialmente quando o assunto em pauta era poesia. Encontramos, por isso, um conjunto expressivo de matérias ao digitarmos "Heloisa Buarque de Hollanda" na caixa de busca da Hemeroteca Digital da Biblioteca Nacional quando procurávamos seus textos no *Jornal do Brasil*. Localizá-los não foi uma tarefa simples, tamanha a recorrência de entradas com seu nome. Achamos 35 textos publicados no intervalo entre 1980 e 2005.[88] Haverá outros? Talvez sim, mas esses textos que encontramos – artigos e algumas poucas entrevistas – já são bastante representativos das questões que Helô levantou a um grande público, promovendo, como ela sempre gostou de fazer, diálogos entre a produção acadêmica e a sociedade mais ampla.

---

87 *Jornal do Brasil*, Livro, 13 de dez. de 1980, p. 1.

88 Em comemoração ao aniversário de 8.5 de Heloisa, completados em 26 de julho de 2024, publicamos no Blog da Biblioteca Virtual do Pensamento Social a coleção Helô no Jornal do Brasil (1980-2005). Confira em <https://blogbvps.com/2024/07/26/bvps-colecao-helo-no-jornal-do-brasil-1980-2005-4/>. Acesso em 6 nov. 2024.

Seu primeiro artigo no *Jornal do Brasil* é sobre poesia. Na verdade, do conjunto de 24 artigos que encontramos em um primeiro momento em que Heloisa foi colunista, entre dezembro de 1980 e agosto de 1983, a poesia foi assunto da grande maioria deles. Não à toa. Já vimos que a poesia era – e é, sempre foi – uma de suas obsessões; uma espécie de radar que ela utiliza para observar e interpretar uma época. Por isso mesmo, nesses primeiros artigos, lança diversas questões que a inquietavam naquele começo dos anos 1980: onde foram parar os poetas marginais? Do "surto da poesia alternativa" dos anos 1970, "quem é que vai ficar"? Como a conquista de um espaço no mercado literário afeta os poetas marginais e a nova geração de poetas? Onde prolifera agora a "poesia independente"? Que tipo de poesia estaria sendo produzida nos circuitos alternativos?

Em "Depois do poemão", seu primeiro artigo, ela sugere que havia diversas formas de se pensar a poesia marginal dos anos 1970, mas reafirma a escolha feita na antologia *26 poetas hoje* e em *Impressões de viagem*:

> Fico aqui com um de seus aspectos: *um espaço de resistência cultural, um debate político*. Em pleno vazio, os jovens – e os não tão jovens – põem em pauta os impasses gerados no quadro do Milagre e desconfiam progressivamente das linguagens institucionalizadas e legitimadas do Poder e do Saber. [...] Instala-se a ênfase na importância das questões relativas à prática cotidiana, à dúvida e à descrença nos programas, no alcance do projeto revolucionário na arte e, por extensão, nas formas da militância política tal como foram encaminhadas pela geração anterior à revelia das Academias, a literatura se impõe e se alastra de maneira surpreendente, numa hora em que o debate político e cultural, a muito custo, conseguia *abrir brechas apenas nos chamados circuitos alternativos* (grifos nossos).[89]

89 H. Teixeira, "Depois do poemão", in *Helô no Jornal do Brasil (1980-2005)*, 2024, p. 11.

Voltando a um dos assuntos de sua tese, a produção cultural alternativa durante os anos de chumbo, Heloisa procurava dar visibilidade à poesia marginal, mas agora para um público muito mais amplo, e, claro, continuava disputando interpretações sobre esse assunto, que ainda era espinhoso e bastante polêmico para a crítica literária especializada. Notemos, no trecho destacado, a ousadia da crítica ao chamar a poesia marginal de "literatura" que, à revelia da Academia, se impôs e se alastrou de modo surpreendente.

Ainda que os artigos de Heloisa sobre poesia tratem mais diretamente dos poetas marginais que emergiram nos anos 1970, ela também estava de olho no que vinha sendo produzido recentemente. Em "Depois do poemão", por exemplo, anota a proliferação de uma "produção independente" feita em grupo entre os jovens da época. Sobre isso, pontua: "são os poetas de comunidade, de associações de bairro, de organizações, de periferia. Seu objetivo mais explícito: uma poesia popular, para ser lida e ouvida. O tipo de publicação mais recorrente: antologias."[90] Seu olhar para outras formas de expressão poética que emergiam nos anos 1980 faz com que em seus artigos do *Jornal do Brasil* as categorias de "poesia alternativa", "poesia independente", "poesia nova", "novíssimos" etc. se tornem cada vez mais instáveis e precisem ser problematizadas a cada contato com uma velha ou nova forma de expressão poética. Revelam também uma das características mais marcantes de nossa biografada: a capacidade de antecipar tendências muito antes de outras pessoas perceberem seu caráter inovador e transformador.

Sobre esse primeiro artigo, vale pontuar ainda que Heloisa coloca em debate um tema que reaparece direta ou indiretamente na primeira fase de sua atuação como colunista do *Jornal do Brasil*: qual seria o papel dos intelectuais no começo dos anos 1980? Eles ficariam confinados na universidade? Olhariam para

90 Ibid., p. 12.

as ruas? Renovariam seus temas e problemas de pesquisa? Sua proposta para a coluna é bastante clara desde o início. Ela faz questão de enfatizar em sua apresentação como colunista que não iria "escrever crítica literária", o que sem dúvida chama atenção, vindo de uma professora com formação e atuação acadêmica na área de Letras. Heloisa diz que seu objetivo era

> [...] *apreender o que está no ar no debate cultural e dar as pistas.* [...] defendo este meu jeito de trabalhar, de fazer um trabalho que alinhava pistas.e confrontos, uma coisa, ao final, meio fragmentada (grifos nossos).[91]

O comentário é interessante quando lemos seus textos no *JB* em conjunto. Ele não deixa de apontar, de certo modo, a insatisfação de Heloisa com o estado da crítica literária especializada no país, ao mesmo tempo que afirma sua tomada de posição: "apreender o que está no ar no debate cultural." A insatisfação com a crítica literária especializada tinha razão de ser. Como já vimos, sua tese de doutorado em Literatura Brasileira foi considerada, no mínimo, incomum para os parâmetros acadêmicos da época, já que analisava com uma escrita em primeira pessoa uma produção literária que ela acompanhou de perto, ou seja, sem o distanciamento que era considerado adequado no meio acadêmico. Além disso, a crítica literária que ela considera "tradicional", por assim dizer, não tinha espaço para o tratamento dos objetos que ela privilegiava, estando mais interessada nos assuntos sobre a formação nacional, na investigação de estilos de época e dos grandes escritores, na pesquisa sobre movimentos de vanguardas históricos etc.

Talvez também por isso Heloisa aproveite esse novo espaço de atuação na grande imprensa para discutir mais uma vez os "assuntos menores", marginalizados pela crítica literária univer-

---

91 *Jornal do Brasil*, "Tudo aqui que está no ar", Caderno B, 13 de dezembro de 1980, p. 10.

sitária, como foram os poetas marginais – àquela altura dos anos 1980, alguns já não tão marginais assim. Ela escreve sobre antigas e novas publicações de Cacaso, Chico Alvim, Ana Cristina Cesar, Chacal, Charles e outros. Procura, em certo sentido, fazer uma avaliação da produção marginal dos anos 1970 e desses mesmos poetas noutro contexto, o da abertura política, procurando explicar se e como o novo contexto político alterava formas e estilos.

No artigo "A hora e a vez do 'capricho'", de maio de 1981, Heloisa discute a publicação da coleção Capricho, organizada por poetas marginais, e sugere que as características do "surto poético" dos anos 1970 estavam desaparecendo. Diz ela:

> [...] se em 1974, pleno "quadro do sufoco", a descoberta de possibilidade de intervenção e de linguagem levavam a um frenesi, hoje, a perspectiva do poeta em relação a sua prática coloca em pauta a necessária questão do capricho. Capricho poético (uma indagação irônica sobre o fazer artístico?), capricho na poesia. Percebe-se um cuidado explícito, textos mais densos e mais extensos, um trabalho voltado claramente para a linguagem. Capricho esse que se estende ao projeto e à composição gráfica dos livros.[92]

A avaliação de algumas mudanças no trabalho com a linguagem de nomes ligados à poesia marginal e do material que agora publicavam – menos improvisado e artesanal – é acompanhada de uma cutucada naqueles que defendem a objetividade na avaliação crítica:

> Confesso que venho tentando ser objetiva, como pedem as regras (ou os *disfarces*) mais elementares do comportamento crítico, mas desisto. *Trata-se de um velho caso de amor.* Em 1976, organizei uma antologia onde entravam quase todos os integrantes de *capricho*, fiz entrevistas, dei entrevistas, publiquei uma tese (na qual Chico

---

92 H. Teixeira, "A hora e a vez do capricho", in *Helô no Jornal do Brasil (1980-2005)*, 2024, p. 37.

Alvim é capa e prefaciador) e, principalmente, me acuso, com a maior alegria, de estar falando de amigos muito queridos e com os quais vivi uma longa viagem de 15 anos. O que vinha tornando esta matéria extremamente difícil de ser conduzida (*o crítico é um fingidor*). A objetividade me incomodando, tornando-se progressivamente supérflua. Será esse um problema teórico? Se as "afinidades eletivas" de meu velho mestre Lukács permitiram-lhe a apaixonada defesa de Thomas Mann, o que minha crítica tupiniquim não faria por esses noves? (grifos nossos).[93]

Heloisa fecha o artigo se permitindo, mais uma vez, compilar alguns poemas dos autores que compõem a coleção Capricho, formando a sua antologia no jornal com Francisco Alvim, Ana Cristina Cesar, Eudoro Augusto, Afonso Henriques Neto, Pedro Lage, Ledusha e Luiz Olavo Fontes. Como já ressaltamos, Heloisa nunca negou suas paixões e preferências, mas nem por isso deixa de fazer uma avaliação crítica da produção literária e cultural que analisa. É com essa mesma paixão que no espaço do *Jornal do Brasil* também escreve sobre velhos e novos "heróis", como Antônio Callado e Glauber Rocha, entre os mais antigos, e Darcy Ribeiro, entre os mais novos.

A insistência de que não iria escrever sobre "crítica literária" no *Jornal do Brasil* parece, a nosso ver, uma grande provocação de Heloisa para seus leitores e leitoras, dentro e fora da universidade. Seus artigos trabalham com uma concepção bastante particular de crítica da cultura. É como se ela reivindicasse, a cada novo texto publicado, uma crítica que não fuja à investigação do novo, do fragmentado, do inacabado. Uma crítica que escolha lidar com o que lhe é o contemporâneo e assuma os desafios postos pelo tempo presente. Uma crítica, ademais, que não fique confinada em debater a qualidade estética de uma obra literária, de um poema, e que olhe também para o contex-

---

93 Ibid., p. 39-40.

to em que as obras são produzidas – pois é nele que se pode flagrar os conflitos que organizam o campo da cultura. Como vimos nos capítulos anteriores, esse é o compromisso crítico que Heloisa Teixeira já vinha assumindo em seus trabalhos acadêmicos, tanto no mestrado quanto no doutorado, e é reafirmado em sua escrita pública no *JB*.

A investigação do novo, do fragmentado, sempre é acompanhada de certos riscos analíticos, sem dúvida, mas principalmente de muitas inquietações, como Heloisa aponta nos seus artigos para jornais. Dois deles, quase gêmeos, são bem interessantes sobretudo pelas questões que levantam. Ao ler a literatura que emergia sob a marca da anistia, que resgatava o espírito da "literatura de exílio" ou da "poesia na prisão", Heloisa pergunta a qual "gênero" ela poderia ser associada. À primeira vista, diz que essa nova literatura que tomava o mercado editorial na virada dos anos 1980 não poderia ser tratada como autobiografia, nem como relato histórico, tampouco como uma narrativa ficcional jornalística.

Em artigo de janeiro de 1981, "Um eu encoberto", ao mencionar livros de autores como Fernando Gabeira (*O que é isso, companheiro?*, 1979), Alfredo Sirkis (*Os carbonários*, 1980) e Alex Polari (*Inventário de cicatrizes*, de 1978, e *Camarim de prisioneiro*, de 1980), a crítica se pergunta se essa literatura não poderia ser pensada a partir de seu caráter contingente. Heloisa comenta nesse artigo:

> [...] mais do que um empenho em denunciar o que não foi revelado, relatar organizadamente a história que nos foi omitida, ou ainda promover a autocrítica de suas formas de militância política, podemos reconhecer aqui a discussão da trajetória de uma causa geracional [...] que volta seu foco para as questões não resolvidas durante a experiência de militância revolucionária.[94]

---

94 H. Teixeira, "Um eu encoberto", in *Helô no Jornal do Brasil (1980-2005)*, 2024, p. 19.

Seria a nova literatura um depoimento de uma geração? Deixando a questão em aberto, e dizendo que ela merecia uma nova investida, um ano depois, em fevereiro de 1982, ela volta ao assunto.

Em "A luta dos sufocados e o prazer dos retornados", Heloisa aborda sobretudo três livros que, segundo ela, a tocaram de forma particular: *Um romance de geração* (1980), de Sérgio Sant'Anna; *Um novo animal na floresta* (1981), de José Carlos de Oliveira; e *De fogo e sangue* (1981), de Lia Monteiro. Sobre essas obras, observa:

> [...] a ausência de soluções messiânicas e o sabor ácido da precária possibilidade de uma ação política efetiva pairam, como que suspensos no ar, e revelam o avesso, em alto contraste crítico, da fantasia romântica que orientou a ascensão e a queda da luta dos sufocados.[95]

Embora Heloisa chegue a arriscar uma definição, sugerindo que a literatura pós-anistia seria um "testemunho geracional", não deixa de anotar suas dúvidas em torno do novo gênero literário, numa escrita dialógica, sempre reflexiva.

É bem verdade que alguns artigos de Helô no *Jornal do Brasil* também mostram um lado seu de "jornalista amadora", revelado quando ela relata fatos e acontecimentos que acompanhava no dia a dia carioca. São, aliás, divertidíssimos. Podemos mencionar um artigo de fevereiro de 1981, quando, algo assustada, refere-se às performances que vinham ocorrendo numa Candelária lotada, onde se assistia, ao que tudo indicava, a "emergência do poema pornô"; ou um artigo de setembro do mesmo ano, no qual ela escreve sobre o I Encontro Estadual de Escritores Independentes do Rio de Janeiro, ocorrido um mês antes na Academia Brasileira de Imprensa. Ou ainda quando traz informações, em outubro de

---

95 H. Teixeira, "A luta dos sufocados e o prazer dos retornados", in *Helô no Jornal do Brasil (1980-2005)*, 2024, 94.

1981, sobre o Núcleo de Atualidades Poéticas, um espaço criado por Waly Salomão e Antônio Cícero, em parceria com a Oficina Afrânio Coutinho, para "dar a palavra ao poeta".

No entanto, mesmo nesses artigos que descrevem alguns eventos que aconteciam em diferentes lugares do Rio, sob a perspectiva de alguém que tomou algumas notas e quer informar o público leitor sobre os acontecimentos, o lado de jornalista amadora de Helô é sempre influenciado por seu olhar aguçado de crítica da cultura. Ao falar sobre a tal manifestação da poesia pornô, ela não deixa de perguntar sobre as características dessa poesia, de registrar a preocupação dessa produção com a mobilização popular e de pensá-la no quadro mais amplo de manifestações culturais no contexto da abertura política. Também manifesta seu incômodo com "a ausência de escritores alternativos à mesa" ao relatar o encontro de escritores no Rio, e aproveita para comentar a "novíssima safra poética, situada agora, basicamente, na periferia carioca"[96]. Ou ainda de chamar a atenção para a diversidade de quem era lido no Núcleo de Atualidades Poéticas. Ou seja, até em seus artigos de "jornalista amadora", Heloisa provoca reflexões sobre o surgimento de novas manifestações literárias e promove questionamentos sobre quem estava sendo legitimado pela crítica, pelas instituições, pelos próprios escritores e poetas. Quais são os parâmetros para as escolhas? O que é incluído e excluído dos circuitos de legitimação? São questões de alta voltagem para a crítica literária, que desde o final dos anos 1970 estão sendo problematizadas por Helô.

Os textos da Heloisa no *Jornal do Brasil*, mencionados muito brevemente nessas páginas, servem de respaldo ao argumento construído nos capítulos anteriores, nos quais sugerimos que a abordagem que ela faz da produção literária e cultural brasileira tensiona as noções mais tradicionais e estáveis de literário

---

96 H. Teixeira, "Marginais, alternativos, independentes", in *Helô no Jornal do Brasil (1980-2005)*, 2024, p. 68.

e de autoria, em um gesto decisivo que pressiona o campo da cultura para sua democratização. No jornal, Heloisa não resenha livros, como tinha se tornado habitual entre críticos que atuaram na imprensa durante a ditadura. Considerando a imprensa como um espaço que, simultaneamente, abre inovações intelectuais a um público leitor mais amplo e as reforça dentro da própria universidade, Helô propõe reflexões mais amplas sobre cultura. Além disso, trabalha ativamente para promover e legitimar autorias, algumas novíssimas, outras já conhecidas. Dentro e fora da universidade, ela participava de um momento de renovação da crítica literária praticada no país.

Há um artigo de Heloisa no *Jornal do Brasil* bastante emblemático que registra esse momento de renovação a que estamos nos referindo. Silviano Santiago, então seu companheiro de jornada nesse processo de renovação, o menciona no ensaio "Democratização no Brasil, 1979-1981 (cultura *versus* arte)", de 1998, no qual discute uma espécie de passagem da crítica literária mais estrita, voltada para o estudo da cultura de uma "minoria letrada", para uma crítica da cultura interessada numa pluralidade de textos e manifestações culturais, ou, para sermos mais fiéis aos termos do autor, aborda alguns momentos que desestabilizaram "de maneira definitiva a concepção de Literatura, tal como configurada pelos teóricos dominantes nas Faculdades de Letras nacionais e estrangeiras."[97] Trata-se de um artigo de junho de 1981, no qual Heloisa discute o livro *Retrato de época: poesia marginal anos 70*, publicado em 1981, do antropólogo Carlos Alberto Messeder Pereira.

No artigo "Bandeiras da imaginação antropológica", Heloisa manifesta sua surpresa com o trabalho de Carlos Alberto, vendo nele uma espécie de "nova abordagem" em curso, a qual cruzava fronteiras disciplinares. Segundo ela, o autor trata em sua

---

97 S. Santiago, "Democratização no Brasil 1979-1981: cultura versus arte", in *Declínio da arte/Ascensão da cultura*, 1998, p. 14.

tese o literário como discurso equivalente ao material que coleta de informantes sobre a poesia marginal. Com isso, "o poema é tomado como um produto que fala *sobre o que significa a literatura para um determinado grupo ou época*" e "o material de entrevistas é trabalhado como um texto e não como informação de primeiro grau."[98] Em vez de reivindicar a literatura como discurso específico da área de Letras, Heloisa argumenta que o trabalho do antropólogo poderia oferecer, na verdade, uma grande contribuição à crítica literária: "a definição do espaço que a literatura marginal ocupa *em relação* com as outras áreas de produção simbólica da prática social cotidiana."[99]

Mais adiante, Heloisa afirma ainda que o tipo de abordagem que vinha sendo feito na antropologia urbana permitia a abertura para novos objetos, como

[...] a mulher, o negro, o homossexualismo, a religião, a droga, o trabalho do psicanalista, a produção cultural independente, as organizações de periferia etc., ou seja, os temas considerados como rejeitados pelos esquemas gerais e abstratos.[100]

Segundo Helô, este era o empenho de uma nova geração de pesquisadores, de jovens desconfiados dos grandes esquemas abstratos da sociologia em geral e da sociologia marxista em particular. Essa abordagem seria um novo caminho para os estudos teóricos no Brasil? Eis a questão de Heloisa. Questão fundamental, convenhamos, porque abre caminho para o estudo de novos temas e reconhece outras possibilidades teóricas e metodológicas em andamento em diferentes áreas.

Um dos novos temas em que ela parece estar de olho nesse começo dos anos 1980 é a produção literária e cultural realizada

---

98 H. Teixeira, "Bandeiras da imaginação antropológica", in *Helô no Jornal do Brasil (1980-2005)*, 2024, p. 46.

99 Idem.

100 Ibid., p. 48-49.

por mulheres. Em sua primeira fase como colunista do *JB*, trata lateralmente desse assunto em pelo menos três artigos. Em um, publicado em abril de 1981, Heloisa discute a obra de Ana Cristina Cesar; em outro, de agosto do mesmo ano, trata de um livro de Yoko Ono que acabava de ser lançado no Brasil; no último, de dezembro de 1982, comenta o filme *Das tripas coração* (1982), dirigido por Ana Carolina Teixeira Soares, no qual ela colaborou com a cenografia.

O artigo sobre Ana Cristina menciona a novidade editorial do momento, *Luvas de pelica* (1980), e problematiza o lugar do feminino na produção poética daqueles anos. Em que pesem as diferenças individuais entre a literatura produzida por mulheres, Heloisa afirma ser possível perceber "sintomas de um discurso pós-feminista, um novo espaço para a reflexão sobre o poder da imaginação feminina. Uma revolta molecular, quase imperceptível no comportamento, na sexualidade, na relação com o corpo e com a palavra."[101] Observa ainda que a obra recente de Ana Cristina seria um dos melhores exemplos desse sintoma: um livrinho cor-de-rosa só no projeto gráfico e no título, pois, sendo um relato de viagens, a poeta aborda o tema sob uma perspectiva inversa, mantendo um silêncio que se guia em direção a um estranho confinamento, que poderia sinalizar algo sobre a condição feminina.

No artigo sobre Yoko Ono, Heloisa pergunta já no título "Quem tem medo de Mrs. Lennon?". A crítica comenta que, em vez de se debater a qualidade dos trabalhos de Yoko, perde-se muito tempo discutindo seu suposto papel na dissolução da banda de rock de Liverpool. Ao ler com seriedade e atenção a produção de Yoko, Heloisa identifica em *Grapefruit*, o lançamento daquele momento, um tipo sensível de percepção feminina do mundo, bem como a formação de uma artista radical

---

101 H. Teixeira, "A imaginação feminina no poder", in *Helô no Jornal do Brasil (1980-2005)*, 2024, p. 33.

que batalhou para que novos caminhos se abrissem na arte dos anos 1960. Para ela, a pergunta que fica diante de produções como a de Yoko Ono é: "quem tem medo do feminino?".

Já no artigo sobre Ana Carolina, com o delicioso título "Leia o filme e veja o texto", que embaralha as linguagens do cinema e da literatura (cuja relação é uma velha conhecida sua, desde o mestrado sobre os Macunaímas), Heloisa sugere que o filme é um ensaio sobre o feminino e o masculino que expõe a condição feminina em uma sociedade opressora. É um trabalho, diz ela, "feito por uma mulher para todas as mulheres e somente para alguns homens",[102] no qual emerge em pânico a voz masculina internalizada na alma feminina.

Nesses três artigos, Heloisa aborda a produção de mulheres e registra, de certo modo, a politização do privado que as reposiciona na vida pública. Vale ressaltar, porém, que eles não se mostram especialmente simpáticos ao feminismo. Quando discute o lançamento de Ana Cristina, por exemplo, sem se explicar muito, ela observa que o discurso feminista supõe "algumas simplificações e certa incapacidade para lidar com seus fantasmas mais delicados", já que, "na busca da igualdade, o discurso que informa as lutas feministas de certa maneira legitima os mitos que sustentam o modo de produção capitalista."[103] Ela chega a falar em "pós-feminismo", termo utilizado na época com conotação um pouco negativa para indicar que as pautas feministas (acesso à educação, a diferentes tipos de emprego etc.) já tinham sido alcançadas, restando muito pouco para as feministas contestarem.

Seu receio em relação ao feminismo, no entanto, desaparece quando volta a colaborar esporadicamente com o *Jornal do Brasil* na década de 1990. Nesse momento, Heloisa assume o

---

102 H. Teixeira, "Leia o filme e veja o texto", in *Helô no Jornal do Brasil (1980-2005)*, 2024, p. 110.

103 H. Teixeira, "A imaginação feminina no poder", in *Helô no Jornal do Brasil (1980-2005)*, 2024, p. 32.

feminismo como crítica da cultura. Uma mudança de percurso? Ela continua escrevendo sobre trabalhos produzidos por mulheres – comenta, por exemplo, um livro que acabava de ser lançado pela socióloga Aparecida Moraes, escreve sobre a obra de Rachel de Queiroz e discute um livro de Beatriz Sarlo –, mas o que passa a ter mais destaque em suas discussões nas páginas do jornal são os diferentes paradigmas teóricos feministas.

No artigo "O bug do feminismo", por exemplo, publicado em janeiro de 2000, Helô coloca em pauta esses paradigmas. Sua defesa é contundente: o pensamento teórico feminista reorganizou a cultura no fim do século XX, discutindo as noções canônicas de identidade, interpelando a epistemologia iluminista, desconstruindo noções do pensamento hegemônico e defendendo o "direito de falar e representar-se nos mais diversos domínios políticos e intelectuais."[104] Ela observa ainda alguns avanços nas lutas feministas, mas encerra o artigo com um alerta de que muitas desigualdades entre homens e mulheres ainda persistem. Ou seja, o feminismo teria um longo caminho de lutas pela frente.

Durante a década de 1990 e começo dos anos 2000, encontramos apenas onze artigos de Heloisa no *Jornal do Brasil*, a maioria concentrada entre 1999 e 2000, momento em que ela volta a assinar uma coluna, desta vez no Caderno Ideias, espaço que divide durante pouco tempo com Silviano Santiago, Flora Süssekind e Sérgio Paulo Rouanet. Embora menos numerosos, esses artigos nos trazem muitos insights quando contrastados com a primeira leva de textos assinados por Heloisa no jornal. No lugar da obsessão pela poesia – que, por certo, nunca desapareceu de todo e é discutida numa entrevista em 2000 com Armando Freitas Filho[105] –, surgem a partir dos anos 1990 debates

104 H. Teixeira, "O bug do feminismo", in *Helô no Jornal do Brasil (1980-2005)*, 2024, p. 168.

105 H. Teixeira, "Os críticos e os criticados usam armas como silenciadores", in *Helô no Jornal do Brasil (1980-2005)*, 2024.

em torno do discurso pós-moderno, diálogos latino-americanos e suas primeiras reflexões sobre cultura e tecnologia.

Mais precisamente, Heloisa passa a escrever sobre as obras de Fredric Jameson e Andreas Huyssen, enfatizando suas diferentes contribuições ao debate sobre o pós-modernismo; dialoga com o pensamento e as obras de Beatriz Sarlo, Alberto Moreiras, George Yúdice e Néstor García Canclini, autores em maior ou menor medida vinculados aos estudos culturais na América Latina; e reflete sobre a circulação intensa da cultura hospedada no que chama de "universo www", colocando em debate as novas práticas literárias e publicações digitais com a emergência da internet.

Trata, em suma, de temas que ganharam espaço na sua agenda de pesquisa no decorrer da década de 1980 e 1990, e de autores e autoras que se tornaram seus novos interlocutores teóricos. No meio do caminho entre o que podemos considerar duas fases distintas de Heloisa no *Jornal do Brasil*, há um susto, muitos sustos, durante uma estadia de pós-doutoramento nos Estados Unidos.

"DISSERAM QUE EU VOLTEI AMERICANIZADA..."

"Sinto que me repito", escreve Heloisa Teixeira em *Escolhas*, logo após comentar que organizou com "desconfortável facilidade" um número especial encomendado por Darcy Ribeiro para a *Revista do Brasil*, intitulado "Literatura anos 80". Na sequência, acrescenta:

> [...] em 1984, cinco anos depois de *Impressões de viagem*, com sete livros publicados, quatro filmes, trabalhos em televisão, cinema e rádio, tendo aberto novos caminhos com a experiência no MIS [Museu da Imagem e Som do Rio de Janeiro, no qual foi diretora entre

1983 e início de 1984] e perdido a inocência com o trabalho regular na grande imprensa, peço ao CNPq uma bolsa de pós-doutoramento para desenvolver o projeto "Modernização e dependência sociocultural" no Institute for Latin American and Iberian Studies, universidade de Columbia.[106]

O tema do projeto submetido ao CNPq revia um dos grandes tópicos da agenda intelectual latino-americana dos anos 1960 e 1970. Na crítica literária brasileira, o assunto vinha sendo discutido por autores diversos, como Antonio Candido, Roberto Schwarz, Silviano Santiago, Haroldo de Campos, entre outros.

Em conversa por telefone com Caroline Tresoldi em 2024, quando perguntada sobre o que a levou a fazer um pós-doutorado em Sociologia da Cultura no exterior, Heloisa se repete, e diz mais:

> [...] fui para os Estados Unidos porque eu estava me repetindo. Teoricamente achava que não tinha nada de novo no Brasil. Havia um espaço esgarçado na universidade pós-ditadura. Balbuciava um pós-estruturalismo despolitizado ou uma sociologia da literatura pouco expandida, muito nacionalista.

Inquieta e em busca de novos debates teóricos e trocas intelectuais, mas sem saber ao certo o que iria encontrar no exterior, ela retorna aos Estados Unidos e mais uma vez se vincula a um instituto latino-americano, agora acompanhada de segundo marido, João Carlos Horta.

Desde a primeira estadia de Heloisa nos Estados Unidos, duas décadas antes, quando esteve em Harvard, os estudos sobre a América Latina se expandiram em várias direções. A proliferação de golpes militares na região, sobretudo nos anos 1960 e 1970, contribuiu, e muito, para ampliar o interesse e as

---

106 H.B. de Hollanda, *Escolhas: uma autobiografia intelectual*, 2009, p. 66.

discussões sobre o latino-americano em diferentes áreas nas universidades norte-americanas. Inclusive, foi nesse período que eclodiu o chamado "*boom* da literatura latino-americana", no qual diversos escritores – como Carlos Fuentes, Mario Vargas Llosa, Gabriel García Márquez, Alejo Carpentier, Julio Cortázar etc. – começaram a ser mais divulgados nos Estados Unidos e em alguns países na Europa. A súbita visibilidade desses autores ampliou muito o interesse pela literatura e cultura produzida nos países latino-americanos, formando inúmeras redes de discussão que incluíam intelectuais ativos na região.

Heloisa não era especialista em literatura latino-americana, mas a crítica inglesa Jean Franco, que a recebeu em Columbia, era. Àquela altura da década de 1980, Jean já era bastante conhecida internacionalmente por seu trabalho pioneiro sobre a literatura produzida na América Latina, assunto sobre o qual se dedicava desde os anos 1960, quando começou a lecionar nas universidades inglesas de Essex e Londres e publicou o notável *The Modern Culture of Latin America: Society and the Artist* [A cultura moderna da América Latina: a sociedade o artista], de 1967, livro em que identifica na literatura latino-americana uma acentuada preocupação dos escritores com a sociedade em que vivem.

A relação de Jean com a América Latina aconteceu por um "acidente biográfico", como ela conta numa entrevista concedida a Nelly Richard e Diamela Eltit em 1995.[107] Ela se casou na Europa no começo dos anos 1950 com um guatemalteco, o pintor Juan Antonio Franco, de quem herdou o sobrenome. Até então, não tinha conhecimento algum sobre a América Latina, mas isso logo mudou quando foi morar com o marido na Guatemala em 1953.

Um ano depois, com o golpe de Estado no país e a forte repressão que se seguiu – "uma brutal lição política", segundo ela –, o casal se mudou para o México, onde Jean circulou entre escritores, artistas e ativistas e viu na prática "como se mesclava

---

107 D. Eltiti e N. Richard, "Jean Franco: un retrato", in *Revista de Critica Cultural*, 1995.

arte e política". Ela voltou à Inglaterra no começo dos anos 1960, sozinha, e começou a se dedicar ao estudo da literatura latino--americana. Teve a sorte de conviver em Londres com escritores latino-americanos que passavam por lá, como Vargas Llosa, Cortázar, Fuentes e Pablo Neruda.

Como os estudos sobre literatura latino-americana na Inglaterra ainda eram muito incipientes – Jean foi a primeira professora da área –, ela resolveu continuar sua carreira nos Estados Unidos, na Universidade de Stanford, onde os estudos latino-americanos já tinham alguns anos de estrada. Chegou na Califórnia em 1972, onde formou um grupo inovador de debate, no qual introduziu a perspectiva dos estudos culturais ingleses.

Não cabe reconstruir de modo detido o mito fundacional em torno dos estudos culturais na Inglaterra, que é bem conhecido; mas vamos relembrar alguns detalhes sobre origem deste campo de estudo. Reza a lenda que trabalhos de Richard Hoggart[108] e Raymond Williams[109] fundaram uma nova teoria da cultura. Ao investigarem a cultura ligada às classes trabalhadoras, esses autores identificaram nela uma multiplicidade de práticas e resistências, e então rejeitaram a separação promovida pela tradição clássica entre objetos "nobres" e "não nobres", isto é, entre alta e baixa cultura, entre erudito e popular. Além disso, suas análises apostavam numa abordagem teórica aberta ao contato entre diferentes disciplinas, tendo como foco o diálogo com a sociedade. Juntos fundaram o Centro de Estudos Culturais Contemporâneos na Universidade de Birmingham, em 1964, um espaço pensado para desenvolver projetos ligados à democratização da educação e da cultura.

Jean Franco, que conviveu com Raymond Williams, vinha trabalhando com uma visão mais abrangente de cultura antes de

---

108 R. Hoggart, *The Uses of Literacy: Aspects of Working-Class Life, with Special References to Publications and Entertainments*, 1957

109 R. Williams, *Culture and Society*, 1780-1950, 1958.

ir para Stanford, dedicando-se com seriedade ao estudo da cultura popular. Depois de 1968, ano tão emblemático para os intelectuais de esquerda em boa parte do mundo, Jean havia começado a organizar grupos de estudos de mulheres para revisar o marxismo e a psicanálise porque, segundo ela, 1968 deixou evidente que as mulheres eram colocadas às margens das grandes manifestações políticas, apesar de participarem amplamente delas.

Foi nos Estados Unidos, porém, que estreitou laços com os estudos feministas que então surgiam. Na Califórnia, também conheceu o movimento de mulheres mexicanas que vivenciavam uma dupla experiência de marginalidade, a da imigração e da diferença de gênero, e portanto reivindicavam direitos de cidadania. A aproximação com o feminismo imprimiu um caráter singular na obra de Jean Franco. Apenas para se ter uma ideia, ela é reconhecida como uma das primeiras teóricas a utilizar a categoria de gênero nos estudos literários e culturais.

Em *Escolhas*, Heloisa conta que foi Jean Franco quem a introduziu a uma nova bibliografia teórica, em especial aos trabalhos de intelectuais tão diversos como Andreas Huyssen, Benedict Anderson, Edward Said, Ernesto Laclau, Fredric Jameson, Gayatri Spivak, Homi K. Bhabha e Raymond Williams, que ela reconhece como mais ou menos vinculados aos estudos culturais de tradição inglesa. Sobre a professora que a recebeu em Columbia, universidade a qual Jean tinha se ligado em 1982, menciona ainda que,

> [...] ao lado do feminismo, Jean trazia um elenco de preocupações saudavelmente dispersivo. Os subtextos do design urbano, as políticas culturais, os *clips* e as *soap operas* na televisão, as artes plásticas, o discurso da publicidade, a literatura latino-americana. Sobretudo, Jean tinha aquilo que o doutor Alceu Amoroso Lima ... chamava de "categoria de presença".[110]

110 H.B. de Hollanda, op. cit, p. 71.

Esse trecho é particularmente interessante porque, além de apontar as preocupações diversas de Jean, Helô faz uma associação com seu antigo professor. Como vimos, "dr. Alceu" exerceu influência considerável sobre ela, apresentando-a ao *Macunaíma*, um de seus amores. "Categoria de presença", expressão cunhada por ele, se refere a como a presença de alguém impacta seu interlocutor a ponto de causar uma transformação em sua vida. Jean parecia exercer esse impacto em Heloisa, que, como Alceu Amoroso Lima, narra sua vida a partir desses encontros transformadores.

Entretanto, antes de apresentar melhor Jean Franco em *Escolhas*, Heloisa fala mais detidamente de outra figura que conheceu nos Estados Unidos: Fredric Jameson. Ela conta que ele a interessou por dois motivos:

> Em primeiro lugar, por razões biográficas. O *leitmotif* de sua obra é, de forma explícita, a busca de elo de continuidade e das leis que regem o destino das ruínas culturais e intelectuais sobreviventes da implosão dos anos 1960. Em segundo, porque percebi em Jameson um traço que me era familiar: o sentido de "missão" do compromisso teórico marxista em responder às questões colocadas por determinadas conjunturas histórias. Alguma coisa em Jameson me lembrava o empenho de Walter Benjamin em entender, nos anos 1930, o impacto da cultura de massa, os movimentos operários. Com a mesma determinação, Jameson procurava enfrentar, agora, o momento "desacumulativo" da nova ordem mundial e sua imprevista estrutura de relações entre as classes. Procurava ainda o difícil entendimento de uma "cultura" que se torna "produto" de fato e de direito, na qual se consome seu próprio processo de mercantilização.[111]

É sugestivo que Heloisa utilize o termo "familiar" para se referir a Jameson. De fato, quando comparado a Jean Franco, cujas

111 Ibid., p. 70.

investigações voltavam-se para a literatura latino-americana e os estudos feministas, as preocupações de Jameson sobre as transformações da cultura contemporânea, seguindo uma linha marxista mais aberta e arejada, por assim dizer, talvez soassem mais compatíveis com as afinidades teóricas de Heloisa até então.

Também é sintomático que, logo após tecer mais comentários sobre Jean Franco em *Escolhas*, Heloisa pondere: "nesta época, eu não era especialmente simpática ao feminismo." Foi no retorno aos Estados Unidos que Helô Teixeira passou a ler mais e mais sobre feminismos, leituras que jamais abandonaria a partir daí. Em suas lembranças mais recentes sobre a época, como contou a Caroline Tresoldi em conversa de 2024, pontua justamente o impacto transformador dessa experiência:

> Era um debate muito lindo, sobre universidade e gênero, sobre o poder da interpretação. Tinha muitos livros novos sobre os feminismos e eu lia o que caía na minha mão. Havia uma luta pela mudança dos currículos, para inserir bibliografias novas, porque os cursos não tinham mulheres. E se reivindicava um espaço de saber reconhecido na universidade para estudos de gênero. Enfim, era briga para todos os lados, muitas discussões teóricas, tudo muito emocionante.[112]

Teremos a oportunidade, no próximo capítulo, de discutir mais detalhadamente como Helô fez do feminismo um de seus grandes temas de pesquisa e ativismo político. Por ora, o que nos interessa é observar que, tendo Jean Franco como interlocutora privilegiada, alguém tão conectada aos debates latino-americanos e às lutas das mulheres da região, Heloisa encontrava nos Estados Unidos um feminismo que já questionava os modelos teóricos feministas europeus e o modelo estadunidense, apontando tanto para uma heterogeneidade de lutas feministas

---

112 Depoimento gravado de Heloisa Teixeira para Caroline Tresoldi por telefone, julho de 2024. (N.E.)

quanto para a necessidade de analisar as condições das mulheres considerando os diferentes contextos sociais em que estão inseridas.

A experiência do pós-doutoramento em Columbia parece ter sido mesmo avassaladora para Heloisa, àquela altura uma professora universitária com quase vinte anos de carreira. Ela se deixou afetar completamente pelo ambiente intelectual em que se inseriu e aproveitou a temporada no exterior para ler e estudar muito: "xerox, muitos xeroxes", como diz em *Escolhas*, onde conta também que no final da bolsa escreveu relatórios de pesquisa para o CNPq nos quais não usava mais os termos empregados na argumentação de seu projeto de pesquisa, como a noção de "dependência". Seu vocabulário estava mudando completamente e ela queria discutir novas questões, relacionadas aos "novos sujeitos políticos" que emergiam no processo de redemocratização do Brasil.

Suspeitamos que duas coletâneas que ela organizou no começo da década de 1990, ambas lançadas pela editora Rocco, reúnem alguns dos "xeroxes" que ela trouxe na mala dos Estados Unidos. Uma delas é *Pós-modernismo e política*, publicada em 1992, que reunia oito artigos dos seguintes autores: Andreas Huyssen, Fredric Jameson, Ernesto Laclau, Stanley Aronowitz, Homi K. Bhabha, Henry Louis Gattes Jr., Jane Flax e Edward Said. Na apresentação, a organizadora esclarece que o livro agrega diferentes perspectivas no escopo da teoria pós-moderna, um campo teórico visto com muita desconfiança no Brasil e na América Latina à época, considerado mais um dos modismos teóricos importados dos países metropolitanos. Para ela, todavia, as questões colocadas por esses autores contribuíam para pensar as transformações na cultura nas últimas décadas do século XX.

A outra coletânea é *Tendências e impasses: o feminismo como crítica da cultura*, publicada em 1994, que trazia textos de Elaine Showalter, Ria Lemaire, Nancy Leys, Jean Franco, Mary Louise Pratt, Doris Sommer, Gayatri Spivak, Teresa de Lauretis e Donna Haraway. Heloisa sugere na introdução que os estudos feministas, a partir de uma variedade de perspectivas teóricas e metodológicas, estariam promovendo uma agenda de debates inovadora, que organizava formas de intervenção não apenas políticas, mas também epistemológicas.

As duas coletâneas divulgam textos que marcaram o debate intelectual nos Estados Unidos nos anos 1980. Sem aderir a uma posição estanque, Helô propõe, na realidade, o confronto entre as perspectivas dos autores e autoras traduzidos, deixando espaço para a presença do público leitor nas reflexões propostas. Esse, aliás, é seu método na organização de antologias e coletâneas.

Durante o pós-doutorado, Heloisa participou de dezenas de congressos e seminários. Voltou aos Estados Unidos nos anos seguintes para dar cursos nas universidades de Stanford, Berkley, Brown, Duke, Nova York, para citar algumas, quase sempre se vinculando a institutos latino-americanos ou a Departamentos de Espanhol e Português. Às vezes era apresentada como especialista em cultura brasileira – ministrou cursos sobre Cinema Novo, modernismo brasileiro, produção cultural alternativa no Brasil etc. –, às vezes era apresentada como especialista em estudos de gênero.

Nessas idas aos Estados Unidos, Heloisa conheceu alguns intelectuais latino-americanos da mesma geração que ela. Néstor García Canclini (argentino que se radicou no México), Hugo Achugar (uruguaio), Jesus Martín-Barbero (espanhol radicado na Colômbia), Josefina Ludmer (argentina), Beatriz Sarlo (também argentina) e Nelly Richard (francesa radicada no Chile) são alguns deles. Também conheceu George Yúdice, um americano que estava desenvolvendo trabalhos em torno dos estudos culturais com foco no contexto latino-americano.

Jean Franco, de uma geração anterior, exerceu um papel fundamental na mediação dos encontros entre os intelectuais latino-americanos. Heloisa contou a Caroline Tresoldi que a casa de Jean em Nova York era uma parada obrigatória dos latino-americanos. E esse parece mesmo um relato recorrente entre quem conviveu com Jean, pois Beatriz Sarlo menciona num ensaio publicado na revista *Punto de Vista* que encontrou um espaço familiar nessa mesma casa – revista, diga-se de passagem, que começou a ser publicada na Argentina em 1978, e que tem o primeiro artigo assinado justamente por Jean Franco, o que é apenas um dos sinais de sua forte presença na vida intelectual latino-americana.

Os intelectuais latino-americanos que Heloisa encontrou nos Estados Unidos em algum momento dos anos 1980 atuavam em diferentes áreas e países. Néstor García Canclini, por exemplo, trabalhava no México desde o final dos anos 1970 num registro mais antropológico com o estudo da arte popular realizada na América Latina, procurando entender como ela expressaria fundamentos estéticos que se relacionavam com transformações sociais mais amplas na região.

Hugo Achugar se exilou na Venezuela após o início da ditadura militar no Uruguai (1973-1985) e escrevia muito sobre literatura e poesia. O também poeta estudava autores latino-americanos mais contemporâneos, procurando entender os traços que os diferenciavam da produção europeia.

Jesús Martín-Barbero, por sua vez, se dedicava na Colômbia à análise dos "processos de comunicação" com base em uma visão antropológica, reivindicando uma teoria própria e adequada para pensar os processos de mediação e recepção no contexto latino-americano.

No caso das mulheres, como as universidades argentinas e chilenas estiveram interditadas aos intelectuais de esquerda durante as ditaduras militares nos dois países, elas atuavam no que podemos chamar de circuitos intelectuais alternativos, como editoras, museus, revistas literárias etc. Josefina Ludmer, por exemplo, iniciou sua produção intelectual na década de 1970 estudando obras relacionadas à nova narrativa latino-americana (basicamente as principais obras do *boom*). Quando a última ditadura se instaurou na Argentina (1976-1983), deixou a universidade para dar aulas em sua própria casa; mais tarde, visitou universidades norte-americanas para ministrar cursos e conferências.

Beatriz Sarlo, por sua vez, escrevia sobre literatura argentina em revistas literárias e culturais, passando pelo estudo dos grandes escritores da tradição literária até os marginais e menos conhecidos. No início dos anos 1980, além de atuar na revista *Punto de Vista*, estava mergulhada numa pesquisa sobre os "folhetins sentimentais" publicados na Argentina no começo do século XX e voltados para o consumo das classes populares.

Já Nelly Richard estava envolvida desde meados dos anos 1970 com um movimento cultural chileno chamado Escena de Avanzada, composto por artistas e escritores que produziam obras neovanguardistas, transitando entre estilos e gêneros para burlar os mecanismos de censura do regime militar no Chile (1973-1990) e, ao mesmo tempo, denunciá-los. Ela se firmava como uma das teóricas desse movimento em revistas literárias e como curadora de museus.

Heloisa conheceu, então, intelectuais latino-americanos com trajetórias muito diferentes, algumas delas impactadas significativamente pelas ditaduras militares na região. Os interesses de pesquisa entre eles eram diversos; enquanto alguns estudavam objetos mais relacionados a um contexto nacional, outros voltavam-se para questões mais amplas, ligadas à América Latina. Mas talvez houvesse algo que os aproximasse para além do fato de serem latino-americanos nos Estados Unidos, onde não raro percebemos mais proximidades do que diferenças entre nós. Todos eles vinham trabalhando com uma perspectiva mais abrangente sobre cultura, procurando entender a partir dela questões sociais e políticas mais amplas.

Uma abordagem que se aproximava, em larga medida, da tradição dos estudos culturais ingleses. Nem todos já haviam entrado em contato com autores vinculados a essa tradição intelectual e, para sermos mais precisos, suas pesquisas eram construídas com referenciais teóricos bem heterogêneos, como as da própria Heloisa na década de 1970. No entanto, eles estavam reescrevendo, cada um à sua maneira, os modos de interpretar a literatura e cultura local e/ou latino-americana. Estudos culturais na América Latina?

RÉGUA, COMPASSO E MUITO CIMENTO

Ao retornar ao Brasil, Heloisa Teixeira logo procurou articular um espaço institucional dentro da Universidade Federal do Rio de Janeiro para abrigar seus novos interesses de pesquisa, especialmente os estudos feministas, talvez seu maior susto na academia estadunidense.

Inquieta como sempre, em movimento como nunca, em 1986 Heloisa criou o Centro Interdisciplinar de Estudos Contemporâneos (CIEC), laboratório de pesquisa vinculado à pós-graduação da Escola de Comunicação da UFRJ. Uma "repetição com diferença" do Centro de Estudos Culturais Contemporâneos da Universidade de Birmingham? Bem, o próprio autor da ideia de "repetição com diferença", Silviano Santiago,[113] acompanhava Helô nessa empreitada.

O CIEC, em muitas entrevistas de Heloisa mencionado como "Centro de Estudos Culturais", surgiu tendo como preocupação "a documentação e análise dos aspectos centrais que dizem respeito à questão da produção cultural na sociedade urbano-industrial contemporânea, com ênfase no caso brasileiro", como lemos na contracapa de uma das séries publicadas pelo centro, a *Papéis avulsos* (1988-1992). A literatura, o cinema, o teatro, a arquitetura, as artes plásticas, os meios de comunicação

---

113 S. Santiago, "O entre-lugar do discurso latino-americano", in *Uma literatura nos trópicos*, 2019.

de massa, o feminismo, a filosofia e a crítica da cultura foram as áreas consideradas privilegiadas para as pesquisas desenvolvidas pelo CIEC, que assumiu desde o início uma aposta radical no diálogo entre diferentes campos disciplinares e uma produção intelectual comprometida com a sociedade, duas marcas fundamentais do Centro de Birmingham.

As linhas de pesquisa sobre gênero e raça tiveram mais destaque nos primeiros anos do CIEC. Foram documentados, por exemplo, os eventos relacionados ao Ano Internacional da Mulher (1975) e à Década da Mulher (1976-1985), ambos instituídos pela Organização das Nações Unidas como forma de promover uma agenda voltada para a melhoria nas condições de vida das mulheres. O CIEC também mapeou as representações sobre o negro na arte brasileira e nos eventos acerca do Centenário da Abolição, registrando pronunciamentos, eventos, marchas etc. O ambicioso "Projeto Abolição" (1988), apoiado pela Fundação Ford, produziu um enorme acervo disponibilizado posteriormente para consulta pública.

Sem forçar a nota, talvez seja possível sugerir que o CIEC foi criado num contexto de intensas discussões sobre os rumos da democracia no país, e procurou colocar em escrutínio as dinâmicas desiguais de gênero e raça na sociedade brasileira, se somando aos debates promovidos pelos movimentos negros e feministas que se organizaram durante a ditadura militar e assumiram protagonismo na Constituinte.

Alguns dos debates e cursos realizados pelo centro foram registrados em séries editoriais coordenadas por Silviano Santiago, sendo as principais delas *Papéis avulsos* (1988-1992) e *Quase catálogo* (1989-1991). De certo modo, as séries buscavam promover uma socialização das pesquisas desenvolvidas no interior do CIEC. Um detalhe importante: elas foram publicadas em pequenos cadernos com capas coloridas, confeccionados de modo bastante artesanal e diríamos até alternativo, no estilo da geração mimeógrafo.

A *Papéis avulsos* publicou a partir de 1988 textos sobre uma variedade de temas: o discurso sobre o negro no século XIX a partir da literatura machadiana; a cultura negra e a ecologia; as escritoras negras; a temática racial no Carnaval; a mulher na formação nacional mexicana; a prostituição; as matriarcas no Nordeste; as mulheres romancistas inglesas do século XVIII; os grupos neopentecostais negros nos Estados Unidos; a cultura e a política no Brasil contemporâneo; o discurso nacionalista e o patrimônio cultural no Brasil etc.

Esses cadernos dão uma pequena amostra das questões que o centro pretendia colocar em circulação. É curioso como após a importante adoção das cotas raciais nas universidades brasileiras na última década, muitos desses temas tenham voltado à tona com impressionante força nas pesquisas desenvolvidas hoje. Todavia, por vezes, temos a impressão ou somos levados a crer pelo mercado editorial que os trabalhos atuais são os primeiros sobre o tema produzidos no Brasil.

Na série *Papéis avulsos,* Heloisa publicou pelos menos três textos importantes: um ensaio abordando a entrada de Rachel de Queiroz na Academia Brasileira de Letras (a primeira mulher a tomar posse, oitenta anos após a fundação da ABL); um texto escrito com Raquel de Queiroz, intitulado "Matriarcas do Ceará – Dona Federalina de Lavras"; e um longo estudo sobre a mulher e a literatura no Brasil. Discutiremos esses materiais no próximo capítulo, mas vale adiantar que Helô propõe, como Jean Franco, compreender os constrangimentos decorrentes das relações de gênero no campo da cultura.

Já a série *Quase catálogo*, que recebeu posteriormente apoio do MIS-Rio para ser publicada, é uma espécie de inventário sobre a contribuição das mulheres nas produções culturais brasileiras. Realizada a partir de pesquisas que Heloisa coordenava mais diretamente no CIEC, o "Quase" do título enfatiza a dimensão experimental e processual do trabalho, considerado um levantamento inicial de um material que estava bastante disperso e, em alguns casos, se deteriorando.

A primeira publicação da série, de 1989, é dedicada às realizadoras do cinema no Brasil. São listados 195 cineastas e 479 filmes produzidos entre 1930 e 1988. O material também traz cartazes de filmes e documentos da imprensa que registraram a presença e a repercussão do trabalho das mulheres no cinema brasileiro. Na apresentação, Heloisa observa que os dados são considerados algo surpreendentes, não só por revelarem a quantidade significativa de mulheres que participaram do cinema nacional, mas também por indicarem que, apesar da repercussão que alguns de seus trabalhos tiveram, elas permaneceram à margem da história contada sobre o cinema brasileiro.

O segundo volume da série aborda a atuação feminina nas artes plásticas no Rio de Janeiro no período entre 1975 e 1985. A ideia de organizar o volume surgiu a partir de um encontro promovido pelo CIEC no ano de 1987, que discutiu a construção do cânone artístico, contando com a presença de artistas como Lygia Pape, Ana Maria Tavares e Iole de Freitas. Se não havia dúvida de que a história da arte brasileira retrata a presença de algumas "artistas excepcionais", principalmente em momentos de efervescência cultural – a exemplo de Tarsila do Amaral no modernismo e Lygia Clark no neoconcretismo –, seria preciso compreender, nas palavras de Heloisa, a "adequação da norma das 'grandes mulheres' como medida para avaliar a produção artística de uma época."[114]

Partindo dessa provocação, o volume publicado em 1991 retrata a presença de mulheres no circuito de artes carioca, recortando um período de amplas transformações na produção e no mercado de arte brasileira, que coincidia com a Década da Mulher. Junto com as informações sobre as artistas e as expo-

---

114 H.B. de Hollanda, "Uma questão de gosto", in *Quase catálogo 2: artistas plásticas no Rio de Janeiro, 1975-1985*, 1991, p. 8.

sições de que elas participaram, são apresentados fragmentos de depoimentos em que elas apontam como os mitos e discursos construídos em torno da chamada "sensibilidade feminina" acabam legitimando o que é ou deve ser a arte produzida por mulheres, gerando impactos por vezes negativos na recepção do público e do mercado de arte.

Um terceiro volume da *Quase catálogo* também reúne informações sobre a produção cinematográfica, mas é voltado para as trajetórias das "estrelas do cinema mudo" no período de 1908 e 1930. Além de levantar uma discussão sobre como o cinema retratou as personagens femininas em sua origem – ora como virgens inocentes, ora como vamps (mulheres ambíguas por definição), ora como prostitutas –, este volume, publicado em 1991, traz as minibiografias das atrizes que foram pioneiras no cinema mudo no Brasil e muitas imagens de seus cortes de cabelo, maquiagens e figurinos.

Mais uma vez, vemos o interesse de Heloisa em recuperar as trajetórias de mulheres que ficaram esquecidas, ao mesmo tempo que se pergunta sobre os modos de representação feminina na história do cinema. Seria o trabalho artístico e intelectual de mulheres outro tipo de produção marginal? Veremos no próximo capítulo como ela encaminha essa questão.

Além das séries editoriais, o CIEC promoveu diretamente ou colaborou com a realização de inúmeros encontros e seminários, que reuniram pesquisadores brasileiros e estrangeiros. Entre eles, queremos lembrar pelo menos dois. Um é o "I Encontro Latino-americano sobre gênero e raça", realizado em 1990 em parceria com a Fundação Memorial da América Latina. O encontro resultou no livro organizado por Heloisa *¿Y nosotras latinoamericanas?: estudos sobre gênero e raça*, publicado em 1992, reunindo onze artigos apresentados no encontro.

Ressaltamos esse evento porque ele sinaliza a urgência de se refletir sobre as relações de gênero no Brasil e na América Latina considerando a heterogeneidade das experiências das mulheres, o que implicaria, em nosso caso, pensar problemas como o racismo, o imperialismo e o colonialismo, que não eram tratados pela produção teórica mais hegemônica desenvolvida nos países centrais. Somente nos últimos anos, como se sabe, a perspectiva interseccional ganhou protagonismo no debate intelectual. Mas já ali, no início dos anos 1990, vemos o esforço de Heloisa em promover discussões sobre gênero, raça e feminismos – no plural. Esse seminário também ilustra a tentativa de aproximar o pensamento teórico brasileiro do latino-americano.

O outro evento que queremos lembrar ocorreu em 1991 no Rio de Janeiro, numa parceria entre a Associação Brasileira de Literatura Comparada (Abralic), o Programa de Pós-Graduação da Universidade Federal Fluminense, instituição à qual Silviano Santiago se ligou em 1988, e o CIEC. Trata-se do "IV Seminário Nacional Mulher e Literatura", que promoveu debates tanto sobre as representações da mulher na literatura quanto acerca da produção literária de autoria feminina em diferentes gêneros literários e contextos históricos.

Esse encontro evidencia o empenho em fomentar a renovação da crítica brasileira. Aliás, é importante lembrar que os debates em torno da crítica cultural na Abralic, fundada em 1986, ganharam contornos decisivos na década de 1990, especialmente quando Silviano Santiago assumiu a presidência da associação, em 1992. A partir de então, a Abralic começou a se inserir numa rede internacional, com grande abertura latino-americana. Nomes como Fredric Jameson, Stuart Hall, George Yúdice, Alberto Moreiras, Hugo Achugar, Ana Pizarro, Josefina Ludmer, Ricardo Piglia, Beatriz Sarlo, Nelly Richard, entre outros, participaram dos congressos promovidos pela instituição.

O CIEC continuou realizando seminários e desenvolvendo pesquisas sobre a produção cultural brasileira na segunda metade da década de 1990, mas Heloisa acabou se afastando dele. Em 1994, assessorada por Silviano Santiago (novamente) e por Marisa Cassim, inventou mais um espaço institucional para abrigar pesquisas de perfil próximo ao das que estavam sendo desenvolvidas no CIEC: o Programa Avançado de Cultura Contemporânea, voltado para estágios de pós-doutorado em estudos culturais.

Num primeiro momento ligado ao Centro de Filosofia e Ciências Humanas da UFRJ (CFCH) e mais tarde à Faculdade de Letras da mesma universidade, o PACC surgiu, nas palavras de Heloisa, como "uma estratégia de invenção institucional para uma possível sobrevivência institucional."[115] Se, por um lado, ela queria deixar no passado um conturbado concurso que prestou para professora titular da Escola de Comunicação da UFRJ no fim de 1993, por outro, também procurava construir um espaço mais livre das amarras burocráticas.

Com seu gesto algo rebelde, bastante característico de sua atuação intelectual na universidade, Heloisa observa:

> [...] um programa não é um instituto, nem um centro, nem mesmo um núcleo. Portanto, não teria ingestão burocrática. Simplesmente, não tinha existência nos parâmetros institucionais. Um programa existe enquanto cria e desenvolve projetos. Na falta deles, acaba automaticamente. Descartável. Leve e provisório.[116]

Ao longo de três décadas, Heloisa tem coordenado o PACC ao lado de nomes como Beatriz Resende e Ilana Strozenberg, desenvolvendo tantas atividades que é quase impossível descrever todas elas. E não pretendemos mesmo fazer isso. Vejamos o que ela mesma diz sobre o perfil do programa:

> [...] o PACC consolidou seu trabalho na direção de uma ampliação do espectro dos estudos das minorias para o universo globalizado, das políticas latino-americanas diante desse universo, e para o trabalho com as novas tecnologias que iriam transformar de

115 H.B. de Hollanda, *Escolhas: uma autobiografia intelectual*, 2009, p. 105.
116 Ibid., p. 105-106.

forma substantiva o comportamento das novas gerações e evidenciar um forte impacto na produção e nos consumos culturais dos anos seguintes.[117]

Mais uma vez, o referente latino-americano surge, um sinal de que Heloisa pensava os processos de transformação acelerada da cultura no "entre séculos" considerando as desigualdades e a grande heterogeneidade na América Latina; pensando junto com outros intelectuais latino-americanos.

Já que estamos insistindo nesse referente latino-americano, lembremos mais um evento que teve Helô como uma das organizadoras, o Seminário "Sinais de turbulência: cultura e globalização na virada do século", que ocorreu no fim de 1994 no Rio de Janeiro.

Esse evento – planejado em parceria com a Rede Interamericana de Estudos Culturais, que já havia realizado um primeiro encontro na Cidade do México no ano anterior, com Néstor García Canclini entre os organizadores – parece ter sido definidor para as pesquisas que Heloisa começaria a desenvolver no PACC, focadas na cultura das periferias urbanas. Fazemos tal afirmação porque o seminário, além dos já esperados intelectuais locais e estrangeiros, envolveu também ativistas das periferias, e incluiu na pauta de discussão expressões culturais como o rap e o funk.

A iniciativa para a realização dos dois encontros partiu de George Yúdice, que dirigia naquele momento o Centro de Estudos Latino-americanos e Caribenhos da Universidade de Nova York, e tinha a intenção, como ele revela, de promover debates sobre as tendências culturais na lógica selvagem dos processos de globalização.[118] Além de Helô, Néstor e George, participaram dos encontros intelectuais como Beatriz Sarlo, Jesús

117 Ibid., p. 111.

118 G. Yúdice. "Los estudios culturales en la encrucijada de la incertidumbre", in *Revista Iberoamericana*, 2003.

Martín-Barbero, José Joaquín Brunner, Nelly Richard, Hugo Achugar, Daniel Mato, Silviano Santiago, entre outros. Apesar dessa rede de pesquisa não ter se consolidado, esses nomes se tornaram reconhecidos como os principais representantes dos estudos culturais praticados na América Latina.

Além de articular encontros e seminários que insistiam em possibilitar um diálogo latino-americano, Helô também contribuiu de modo importante para promovê-lo no papel de editora. Em 1990 assumiu a direção da Editora UFRJ, mais uma de suas múltiplas frentes de atuação intelectual. Uma frente que ela gostou tanto a ponto de criar sua própria editora, a Aeroplano, que iniciou suas atividades em 1998, mesmo ano em que Helô deixou a Editora UFRJ, após completar quase duas gestões no cargo.

Na Editora UFRJ, comprometeu-se com a valorização das ciências humanas e das artes, pensando a edição de um livro como um ato crítico e político. Publicou as obras completas de intelectuais brasileiros como Anísio Teixeira e Fernando Azevedo, e abriu espaço para os estrangeiros vinculados à crítica cultural, como Fredric Jameson, e os latino-americanos Néstor García Canclini, Beatriz Sarlo e Jesús Martín-Barbero. A escolha do catálogo nunca é inocente, e a seleção de Heloisa não deixa de transparecer algumas de suas preocupações teóricas naquele contexto.

Com esse panorama um tanto descritivo da atuação de Helô no fim do século XX, queremos chamar atenção para as diferentes investidas que ela fez no debate em torno dos estudos culturais, uma área em que encontrou espaço para trabalhar com seus variados interesses de pesquisa: produção cultural alternativa/marginal, estudos feministas, culturas das periferias urbanas etc.

Até aqui, porém, não definimos exatamente o que são os estudos culturais. Então, vejamos o que diz Stuart Hall sobre eles, outra lenda do Centro de Birmingham:

Quando criamos o Centro, os Estudos Culturais não existiam e não era nosso projeto criá-los. Procurávamos apenas abrir uma área de pesquisa e estudos críticos. Essencialmente como uma área transdisciplinar. Nunca pensamos em criar uma disciplina que substituísse as outras. É ainda assim que vejo hoje os Estudos Culturais. Necessariamente transdisciplinar. Necessariamente com posições críticas em relação ao que as outras disciplinas fazem ou não fazem ou não podem mais fazer. Acho que os Estudos Culturais são uma área polêmica porque está sempre atenta para o que está se fazendo nas outras disciplinas e o que se pode retirar delas para a crítica da cultura e o que nelas deve ser deixado de lado. [...] Aliás, até hoje, 20 anos depois, não sinto nenhuma vontade de dizer: "Isto é o que os Estudos Culturais são". [...] Sei dizer o que se faz nessa área de importante, o que está na ponta, o que está abrindo novos campos de reflexão.[119]

Esse trecho, retirado de uma entrevista que Stuart Hall concedeu a Heloisa Teixeira e Liv Sovik em 2005, nos interessa porque em sua não definição dos estudos culturais parece residir a potência crítica dessa área: transdisciplinaridade, atenção à contribuição que outras disciplinas podem oferecer para a crítica da cultura, polêmica. Não é exatamente o que Heloisa estava fazendo desde a década de 1970 em suas pesquisas acadêmicas, quando ela escolhe estudar no mestrado a transposição poética de *Macunaíma* para o cinema de Joaquim Pedro de Andrade, misturando as linguagens da literatura e do cinema? Ou no doutorado, quando aborda a produção cultural alternativa que emergiu durante a ditadura militar no Brasil? Ou ainda no *Jornal do Brasil*, quando chega a insistir que trabalhos de outras áreas poderiam oferecer uma grande contribuição à crítica literária?

Na volta dos Estados Unidos, Heloisa não trouxe na bagagem modelos teóricos prontos, seja os estudos culturais, a teoria

---

119 H.B. de Hollanda e L. Sovik, "O papa negro dos estudos culturais. Entrevista de Stuart Hall", in *Jornal do Brasil*, 2005, p. 3.

pós-moderna ou os estudos feministas. Ela já tinha uma agenda de pesquisa comprometida com a crítica da cultura, com o estudo de formas marginalizadas de literatura, com a articulação entre academia e sociedade, e encontrou por lá novos interlocutores, sobretudo intelectuais ligados aos debates latino-americanos, com os quais travou um intenso diálogo para compreender e explicar as complexas relações entre cultura e política em sociedades historicamente periféricas. Em suas invenções institucionais na UFRJ, como o CIEC e o PACC, construiu espaços pioneiros para ampliar o desenvolvimento de pesquisas sobre a produção cultural marginal no país. O termo "marginal", a partir daí, passou a assumir uma polissemia de significados em sua obra.

Um último exemplo das invenções de Helô que podemos comentar, é a Biblioteca Virtual de Estudos Culturais, criada em 1996 em uma parceria entre o PACC e o projeto Bibliotecas Temáticas do CNPq. Essa Biblioteca Virtual, antes da existência dos grandes buscadores da internet, reuniu informações de projetos de pesquisa, organizações culturais, movimentos sociais, bibliotecas e museus, bem como de pesquisadores nacionais e latino-americanos que tivessem uma abordagem próxima à dos estudos culturais.

Com sua incansável curiosidade intelectual, otimismo com a inovação e capacidade de promover trocas, Heloisa contribuiu, e muito, para difundir a agenda de debates em torno dos estudos culturais no Brasil e na América Latina.

* * *

Como tudo o que faz, Heloisa Teixeira acrescentou aos estudos culturais uma forma de problematização teórica que tem a ver com a experiência histórica brasileira de extremas e duráveis desigualdades sociais. Daí seu interessante diálogo com Stuart Hall ou mesmo com Raymond Williams, que nunca conceberam os estudos culturais apenas como metodologia acadêmica, mas também como meio de transformação social. Com a tradução dos estudos culturais no Brasil, Heloisa conseguiu aperfeiçoar sua caixa de ferramentas teóricas, ampliando o campo da cultura e promovendo o reconhecimento de diferentes atores socais. E, ao recolocar o problema da autocompreensão e expressão desses mesmos atores no centro das suas preocupações, ela deu um passo à frente na democratização da cultura, antecipando o que viria a acontecer dentro e fora das universidades a partir dos anos 2010.

Porque falamos em futuro, voltemos por um momento aos *beginnings* de Heloisa. Logo na "explicação" que abre *Macunaíma: da literatura ao cinema*, Helô já mostrava a que vinha: "Este é um livro em que procurei dar a palavra a Mário de Andrade." [120] "Dar a palavra" assume um sentido permanente na obra de nossa crítica, conferindo um caráter dialógico e reflexivo a seus textos e que a tem levado, crescentemente, à problematização de convenções sociais sobre objetividade, subjetividade e mesmo autoria nos registros burgueses tradicionais.

Mas "dar a palavra" significa também dizer que a crítica da cultura faz parte de um debate público mais amplo, e que este deve envolver pluralidades de posições e uma sólida disposição à escuta. Seria a sua autocompreensão feminista um elemento importante para Heloisa poder aprender mais e melhor sobre alteridade?

---

120 H.B. de Hollanda, *Macunaíma: da literatura ao cinema*, 1978, p. 19.

4

FEMINISMOS BUMERANGUES

É COMUM ESCUTAR DE FEMINISTAS que o "encontro" com o feminismo, o afetar-se pelo ativismo e/ou pelos estudos feministas, altera as lentes com as quais se interpretam o mundo, as relações sociais, a própria trajetória. Foi assim com Heloisa Teixeira, que diz ter sucumbido à terceira onda feminista e que, depois dessa experiência, nunca mais foi a mesma.

Vimos anteriormente que Helô teve contato com os estudos feministas nos Estados Unidos, em meados da década de 1980, enquanto fazia pós-doutorado sob a orientação de Jean Franco, importante nome da crítica feminista. Até então, ela tinha pouca simpatia pelo movimento feminista e não se interessava muito pela "questão da mulher", como ela mesma reconhece em muitas entrevistas. Os estudos de gênero que emergiam nos Estados Unidos, produzindo alternativas epistemológicas, provocaram susto e fascínio nela, a ponto de fazer seus interesses de pesquisa logo tomarem um rumo diferente.

Neste capítulo, abordaremos dois momentos em que o feminismo esteve mais presente na agenda de pesquisa de Heloisa. Primeiro, discutiremos alguns trabalhos que ela publicou nos anos 1990, resultantes de suas pesquisas iniciais sobre as relações de gênero na cultura brasileira, incluindo seus belos ensaios sobre Rachel de Queiroz.

Em seguida, avançamos para os anos 2010. Marchas, protestos e campanhas na internet de jovens mulheres: uma explosão feminista? Como muitas feministas de sua geração, Heloisa ficou espantada com o novo momento de ativismo feminista no Brasil. E lá foi ela pesquisar o fenômeno. Afinal, o feminismo vai e volta? Entre 2018 e 2022, Helô publicou nada mais nada menos do que sete livros. Ativista como nunca, diluiu a noção de autoria criando um livro-ocupação com jovens feministas, organizou coletâneas sobre o pensamento feminista para suas "netas políticas", retomou o formato das antologias e reinterpretou a cultura nos anos 1960-1980, desta vez olhando para a atuação das mulheres – feministas também? Veremos como seus últimos livros promovem uma conflitiva, e muito produtiva, conversa intergeracional entre feministas.

FEMINISMO COMO CRÍTICA DA CULTURA

Antes de qualquer coisa, vamos recapitular algumas informações já apresentadas. Vimos que ao fundar, em 1986, o Centro Interdisciplinar de Estudos Contemporâneos na Universidade Federal do Rio de Janeiro, Heloisa Teixeira criou linhas de pesquisa para estudar as relações de gênero e raça no Brasil. Ao mesmo tempo que promovia encontros e seminários para debater o tema, coordenou pesquisas que visavam documentar os eventos relacionados ao Ano Internacional da Mulher (1975), à Década da Mulher (1976-1985) e ao Centenário da Abolição (1988). Os dois primeiros são considerados momentos centrais de organização do feminismo no Brasil.

Mas isso foi só o começo. Helô se dedicou a mapear, ou melhor, a inventariar de modo quase obsessivo, a presença de mulheres na cultura brasileira. Os três volumes da série do CIEC *Quase catálogo*, que tratam das mulheres no cinema e nas artes, como já discutimos, são notáveis exemplos disso. Outro exemplo que queremos ressaltar agora é o livro *Ensaístas brasileiras: mulheres que escreveram sobre literatura e artes de 1860 e 1991*, publicado em 1993 pela editora Rocco.

Esse livro-glossário, elaborado por Heloisa e sua irmã, Lucia Nascimento Araújo, e dedicado à mãe delas, oferece um amplo levantamento sobre a produção crítica feminina no Brasil ao longo de mais de um século. Recorrendo a materiais dispersos em catálogos de editoras, jornais e revistas, acervos privados e bibliotecas, as organizadoras chegaram a 622 verbetes que contam com minibiografias e referências bibliográficas de mulheres brasileiras que escreveram sobre literatura, música, teatro, dança, cinema e artes plásticas tanto na crítica jornalística ou acadêmica, quanto em diários, correspondências, memórias e biografias. Algumas mulheres do passado, outras em atividade até a data em que a pesquisa foi concluída; algumas só com uma obra publicada, outras com várias. Mulheres diferentes, mas agrupadas na categoria ensaístas.

A escolha do termo "ensaístas", segundo as organizadoras, é algo arbitrária. Mas podemos dizer que também é teoricamente interessada: quer alargar as noções tradicionais de ensaísmo e de crítica literária para que abarquem a variedade de formas e práticas críticas com as quais mulheres, ainda que de modo informal, registraram suas reflexões sobre o fazer literário e artístico desde o século XIX. Assim, *Ensaístas brasileiras* fornece uma visão dos caminhos trilhados pela crítica feminina, desde os primeiros registros até a profissionalização da crítica a partir de meados do século XX.

Quando colocado ao lado dos três volumes da série *Quase catálogo*, esse livro ganha nova luz. Eles nos fazem questionar o que significa, afinal, esse gesto de Heloisa de inventariar a produção feminina brasileira. O prefácio "O que querem os dicionários?", assinado apenas por ela, oferece alguns indícios para essa resposta.

Nele, Heloisa reconhece de imediato que o livro *Ensaístas brasileiras* não seria uma novidade editorial, mas sim a continuidade de um trabalho que vinha sendo realizado por autoras mulheres desde o final do século XIX. Menciona, por exemplo, que durante o *rush* republicano para a construção de uma História do Brasil, época em que proliferaram as coletâneas de biografias exemplares e perfis de notáveis figuras masculinas, a escritora baiana Inês Sabino publicou, em 1899, *Mulheres ilustres do Brasil*, trabalho pioneiro que procurava resgatar as mulheres da "barbárie do esquecimento". Cita também outros projetos semelhantes a esse organizados ao longo do século XX: perfis de poetas, dicionários de escritoras, coletâneas com autoras de teatro, antologias de contos escritos por mulheres etc.

Ao discutir essas iniciativas, Heloisa sugere que as mulheres perceberam desde muito cedo que dicionarizar, antologizar, produzir coletâneas de literatura e ensaísmo femininos seria um terreno importante para registrar suas histórias e experiências singulares. Em alguns casos, segundo nossa crítica, essas práticas foram vistas como um campo possível para a "articulação de um discurso, muitas vezes radical, sobre a mulher".[121]

Helô vê nesses projetos, mais precisamente, a preocupação das mulheres com o próprio apagamento da história oficial ou da série literária, bem como a reivindicação do "direito de classificar", isto é, de intervir na lógica de construção dos cânones literários e artísticos. Não é exagero sugerirmos que suas inquietações se aproximam às das mulheres que a precederam no campo da catalogação.

Seu gesto de inventariar pode ser lido como um compromisso a um só tempo teórico e político de registrar a participação das mulheres na cultura brasileira – como críticas, artistas, cineastas, escritoras etc. –, assim como de evidenciar a variedade de práticas nas quais elas se envolveram. Práticas que representam outros modos de pensar e criar, mas que são, via de regra, marginalizadas nos circuitos de consagração literária, artística, intelectual.

A rebeldia de Helô em relação aos cânones não é nenhuma novidade, como bem vimos em capítulos anteriores, quando mostramos que ela torce as noções tradicionais de literário em seus estudos sobre a contracultura no Brasil. Mas há uma diferença importante neste momento de sua trajetória intelectual: assumindo uma perspectiva nitidamente feminista, ela quer realçar as desigualdades de gênero que moldam o campo da cultura e da vida intelectual brasileira. Por que os cânones são tão masculinos? O que acontece quando se estuda a presença das

---

121 H.B. de Hollanda, "O que querem os dicionários?", in *Ensaístas brasileiras: mulheres que escreveram sobre literatura e artes de 1860 e 1991*, 1993, p. 13.

mulheres na cultura brasileira? Quais as possibilidades e desafios de uma crítica feminista?

Perguntas como essas parecem ter orientado as pesquisas que Heloisa desenvolveu entre meados dos anos 1980 e dos anos 1990. Neste período, ela participou de inúmeras iniciativas para debater as possibilidades e desafios dos estudos de gênero no Brasil. Integrou por muitos anos, por exemplo, o Comitê do Programa de Dotações para Pesquisa sobre Mulheres e Relações de Gênero da Fundação Carlos Chagas, ao lado de nomes como Cristina Bruschini, Albertina de Oliveira Costa, Céli Pinto, Mary Garcia Castro, Bila Sorj, Lia Zanotta Machado, Maria Odila Leite Dias, entre outras. Heloisa também acompanhou de perto as discussões do Grupo de Trabalho Mulher e Literatura, da Associação Nacional de Pesquisa e Pós-Graduação em Letras e Linguística (Anpoll), criado em 1986.

Participou ainda do comitê editorial que fundou em 1992 a *Revista Estudos Feministas*, uma das primeiras iniciativas da comunidade acadêmica brasileira para divulgar os estudos de gênero no país. Hoje alocada na Universidade Federal de Santa Catarina, a primeira casa da *REF* foi o CIEC, como indica Leva Lavinas no editorial do número inaugural da revista.[122]

Ou seja, Heloisa Teixeira estava inserida em redes com pesquisadoras de diferentes áreas das ciências humanas que procuravam abrir novos horizontes, estabelecer trocas e consolidar espaços institucionais para os estudos sobre mulheres, feminismos e relações de gênero no país.

A coletânea *Tendências e impasses: o feminismo como crítica da cultura* (1994) e os ensaios "Os estudos sobre mulher e literatura no Brasil: uma primeira abordagem", publicado pela primeira vez na série *Papéis avulsos* em 1990, e "O estranho horizonte da crítica feminista no Brasil", apresentado em seminário

---

122 L. Lavinas, "Editorial", in *Revista Estudos Feministas*, 1992.

internacional em 1991, permitem observar as apostas de nossa crítica nesse contexto.

No capítulo anterior, mencionamos brevemente essa coletânea organizada por Heloisa. Aqui, queremos apenas lembrar que, em meio às diferentes perspectivas feministas selecionadas para integrar a obra, ela afirma que a reflexão teórica feminista, passado um momento inicial de denúncia da lógica patriarcal que estrutura a sociedade capitalista, estaria fomentando modelos epistemológicos alternativos, pautados pela crítica radical ao sistema de poder que legitima historicamente certas representações em detrimento de outras.

Segundo ela, a introdução da categoria "gênero", substituindo a noção de "identidade", representava um avanço para os estudos feministas, que passavam a priorizar a investigação dos processos de construção das relações de gênero e das formas como o poder se articula em determinadas situações históricas.[123] É um momento do feminismo que ela classifica, retomando as palavras de Jean Franco, de "luta pelo poder interpretativo".[124] Para além da luta no plano teórico, Heloisa defende o feminismo como alternativa concreta para a prática política e para as estratégias de defesa da cidadania naquele fim de século.

Se a coletânea apresenta uma posição mais geral de Heloisa em relação ao potencial teórico e político dos estudos feministas, os outros dois ensaios mencionados, quase gêmeos, são reflexões sobre sua área de formação e atuação, Letras, resultantes de uma pesquisa que ela fez para a Fundação Carlos Chagas com o objetivo de entender o estado da arte da crítica literária feminista no Brasil. Não cabe entrar em muitos detalhes do balanço que a autora faz, mas queremos destacar algumas

123 H.B. de Hollanda, "Introdução - feminismo em tempos pós-modernos", in *Tendências e impasses: o feminismo como crítica da cultura*, 1994.

124 J. Franco, "Si me permiten hablar: la lucha por el poder interpretativo", in *Revista Casa de Las Americas*, 1988.

questões levantadas por ela, especialmente ao discutir as possibilidades e dilemas da crítica feminista no país.

Neste balanço, Heloisa parte da observação de que, nos anos 1970, o tema da mulher começa aos poucos a aparecer nas pesquisas acadêmicas, delineando um novo campo de trabalho no Brasil. Mas é na década de 1980 que há um crescimento considerável das pesquisas sobre mulheres, inclusive nos estudos literários. Ela identifica pelo menos três tendências nessa área. Uma delas, chamada de "arqueológica" e mais afinada com a crítica feminista, visava resgatar os trabalhos de escritoras que foram marginalizados ou excluídos dos anais da literatura. Outra tendência observada discutia a "escritura feminina", colocando a questão da linguagem no centro do debate. E uma terceira, a mais numerosa, englobava trabalhos sobre representação feminina nas obras literárias, sejam os autores homens ou mulheres. O balanço deixa evidente, para Heloisa, que pesquisar a mulher na literatura não significava se concentrar na "questão da mulher" e, menos ainda, se engajar numa perspectiva crítica feminista. Aliás, ela observa que boa parte dos trabalhos voltados para essa temática foram desenvolvidos em sintonia com a crítica literária tradicional, que priorizava a construção de famílias legítimas com seus heróis e gênios excepcionais.

Apesar dos ensaios que estamos comentando terem esse caráter de balanço de área, Heloisa não deixa de marcar sua posição teórica. Ela defende os pressupostos da crítica feminista de estudar escritoras mulheres e os gêneros literários a elas associados – como os diários, as correspondências, as autobiografias, as biografias, as memórias etc. –, que até então receberam pouca atenção nos estudos literários.

No plano mais propriamente teórico, a crítica feminista permitiria, a seu ver, contestar a legitimidade do que é considerado ou não literário, o que significa questionar os pressupostos da historiografia literária tradicional, seus métodos, categoriais, periodizações e gêneros legitimados. Ofereceria, enfim, outras ferramentas teóricas e metodológicas para a crítica literária, colocando a mulher como questão dentro do quadro da produção intelectual e artística de uma época e abrindo caminhos para perceber outras experiências e formas de representar o mundo.

Esse balanço de área não desconsidera os desafios da crítica feminista no Brasil. Na verdade, ao mencionar tais desafios – como a construção de uma perspectiva teórica mais adequada para analisar a literatura brasileira, levando em conta suas especificidades –, o que Heloisa coloca mesmo em debate são dilemas muito maiores, do próprio feminismo numa sociedade patriarcal e violenta como a brasileira.

Ela chama a atenção, por exemplo, para o desconforto ou a dificuldade de autoidentificação das mulheres como feministas, mesmo entre profissionais liberais, intelectuais e artistas com livre acesso ao espaço público. Para ela, tal dificuldade se relacionaria com os mitos que regem a lógica das relações de gênero e raça no Brasil, país que tem grande habilidade em afirmar a existência de uma suposta mistura racial e uma desierarquização entre os gêneros, mascarando as relações de poder e hierarquias sociais.

Heloisa sugere que esses mitos estão relacionados com o processo de formação da sociedade brasileira. Eles começaram a ser esboçados a partir da segunda metade do século XIX, com a construção de discursos ambíguos sobre a identidade nacional no que diz respeito às relações étnicas, de gênero e de classe; mas foi com o modernismo, no começo do século XX, que a "ambiguidade discursiva" sobre a nação foi teoricamente formalizada.

Na leitura de Helô, a proposta antropofágica de Oswald de Andrade, que teve grande impacto na cultura brasileira desde então, revela fascinação com a diferença e a alteridade, construindo a imagem de um país como reino da cordialidade, do acolhimento caloroso, da predisposição para receber o "outro" e com ele se identificar. No entanto, no modelo antropofágico a devoração da diferença tem um gesto subsequente ao processo de absorção, que é a eliminação daquilo que não interessa. A partir do projeto antropofágico, diz Heloisa, "desenvolve-se uma elaborada tecnologia cultural de trituração, processamento e deglutição da alteridade com particular atenção na eliminação, ainda que parcial, das diferenças."[125]

Para sermos mais precisos, Heloisa argumenta que os mitos da "democracia racial e sexual" brasileira refletem a ambivalência entre a fascinação pela diferença e a preferência por assimilá-la apenas parcialmente. Uma lógica engenhosa que cria inúmeras dificuldades para o ativismo feminista no Brasil, para a autocompreensão das mulheres como feministas e para todos que pesquisam as relações de gênero.

É bastante sugestivo que no ensaio "Os estudos sobre mulher e literatura no Brasil...", a entrada em que é desenvolvida a argumentação sobre esses "mitos" tenha o subtítulo "Um problema quase pessoal"[126]. De certo modo, podemos sugerir que Heloisa identifica essa lógica das relações de gênero no Brasil como um dos motivos para ela, que foi tão ativista na década de 1960, não ter se interessado pelo movimento feminista e suas pautas até meados dos anos 1980. Seu memorial de titularidade, apresentado em 1993 ao Departamento de Teoria da Comunicação da Escola de Comunicação da UFRJ, dá algumas pistas nessa direção.

Poderíamos escrever todo um capítulo para mostrar como esse memorial é marcado pelo contato de Helô com o feminismo. Apenas para se ter uma ideia, ela estrutura sua trajetória intelectual em fragmentos e não esconde suas posições teóricas e políticas, nem suas escolhas e afetos. Ao abordar a vida profissional, enfatiza as relações de trabalho que construiu com mulheres, e fala também da vida familiar, dos pais, filhos, maridos.

---

125 H.B. de Hollanda, "O estranho horizonte da crítica feminista no Brasil", in *Colóquio "Celebración y Lecturas: La Critica Literária em Latinoamerica"*, 1991, p. 7.

126 H.B. de Hollanda, "Os estudos sobre mulher e literatura no Brasil: uma primeira avaliação", in *Papéis avulsos*, 1990.

Ou seja, compromete definitivamente a distinção entre público e privado, que teima em não fazer sentido para muitas mulheres. Embora o memorial tenha inúmeros exemplos desse tipo de abordagem, fiquemos com o que nos interessa mais diretamente agora, seu encontro com o feminismo. Logo após assumir que não era simpática ao feminismo, Heloisa afirma:

> [...] no Brasil, não é muito fácil conviver com esta ideia. Por trás da cordialidade e da originalidade de nossas "democracias" raciais e sexuais, intui-se um perigo, uma violência latente contra as lutas e as reivindicações das minorias. No meu caso, professora universitária, teme-se, especialmente, uma quase inevitável violência retórica. Não havia percebido isso. Pensava que minha carreira tinha sido um caminho fácil, sem impedimentos, e que a contingência de ser mulher não havia tido um significado expressivo, ou mesmo especial, nesta trajetória. Uma percepção bastante comum também entre minhas amigas artistas e intelectuais. *Hoje, penso diferente* (grifos nossos).[127]

Somente quando Heloisa é apresentada aos estudos feministas nos Estados Unidos, percebe que, embora o capital econômico e cultural de algumas mulheres as ajude a construir carreiras de prestígio como a sua, isso não as isenta das desigualdades de gênero inerentes à sua socialização como mulheres. Percebe *à distância* como as desigualdades de gênero no Brasil podem ser bastante sutis em alguns casos e explicitamente violentas em outros.

QUANTAS VEZES RACHEL?

Foi a partir da teoria que Helô Teixeira tornou-se feminista, como ela tem declarado frequentemente nos últimos anos, em

---

127 H.B. de Hollanda, *Escolhas: uma autobiografia intelectual*, 2009, p. 71-72.

plena explosão feminista. Apoiada na teoria, desenvolveu suas primeiras pesquisas sobre as relações de gênero no Brasil. Entre um trabalho e outro, encontrou Rachel de Queiroz, "personagem" sobre quem escreveu alguns ensaios ao longo dos anos 1990, reunidos posteriormente no e-book *Rachel Rachel*, lançado em 2016.

Os quatro textos de Heloisa são exemplares da potência analítica da crítica feminista, mas, à primeira vista, destoam do conjunto de sua obra. Por que ela, que se interessava mesmo em pesquisar expressões culturais alternativas ou emergentes, foi escrever justo sobre a obra e a trajetória de Rachel de Queiroz, escritora cujo reconhecimento a levou a ser a primeira mulher a ingressar na Academia Brasileira de Letras?

Nunca é simples responder a perguntas como essa. Mas podemos arriscar alguns palpites. Desde que Heloisa conheceu Rachel de Queiroz, provavelmente em 1989, nunca deixou de esconder seu fascínio e afeto pela escritora cearense, com quem se encontrou frequentemente no Rio de Janeiro durante mais de uma década. Inclusive, ela menciona a "categoria da presença", cunhada por Alceu Amoroso Lima, quando se refere ao seu encontro com Rachel:

> Desde nosso primeiro contato meu horizonte se alargou de forma nunca esperada. A presença de Rachel trazia junto um Brasil profundo, desconhecido, misterioso, poderoso. *Rachel me deu uma nova escala de ver e de viver.* Me levou também a uma curiosidade quase obsessiva sobre a estrutura sociocultural desse Brasil tão longe e tão perto. Provavelmente por vício, acabei no estudo das mulheres nordestinas coloniais. E surgiu nas nossas conversas uma onda gigante de casos de mulheres chefes de família, poderosíssimas e hipersexualizadas: as matriarcas nordestinas (grifos nossos).[128]

---

128 C. Tresoldi, *Rachel de Queiroz & mais: conversa com Heloisa Buarque de Hollanda*, 2023.

Um desses casos, aliás, foi registrado pelas duas num pequeno texto de 1990, intitulado "Dona Fideralina de Lavras". Publicado na série *Papéis avulsos* do CIEC, o texto aborda a lenda transmitida de geração em geração sobre Dona Fideralina, uma das matriarcas do século XIX que exerceu enorme poder de liderança no interior do Ceará. Certamente, uma das inspirações para as personagens dos romances de Rachel.

O evidente afeto que Heloisa sentiu quase de imediato por Rachel e a curiosidade pelas histórias das matriarcas nordestinas – mulheres fortes e insubmissas, que destoavam muito dos modelos tradicionais de se caracterizar a condição feminina – devem ter despertado seu interesse pela obra/trajetória da escritora. Mas esse interesse também parece estar relacionado à sua agenda de pesquisa feminista.

Para situar essa hipótese, precisamos retomar rapidamente o balanço que Heloisa fez dos estudos sobre a "mulher e literatura", no qual mapeou as tendências mais frequentes no momento de expansão desses estudos. Nele, constatou com certa surpresa que existiam pouquíssimos trabalhos sobre Rachel de Queiroz. As escritoras brasileiras que estavam sendo mais estudadas nos anos 1980 eram nomes como Clarice Lispector, Ana Cristina Cesar, Lygia Fagundes Telles, Cecília Meireles e Adélia Prado.

O desinteresse acadêmico por Rachel nos anos 1980 contrastava com a recepção de sua obra nos anos 1930 e 1940, quando a escritora lançou seus primeiros romances, que tiveram sucesso imediato de crítica e público. Heloisa percebe que, a partir dos anos 1960, quando começou a ser construído um cânone acadêmico no país, ligado ao desenvolvimento dos Programas de Pós-Graduação em Literatura que então emergiam, Rachel foi sofrendo um processo de apagamento.

É verdade que a escritora cearense era uma figura polêmica na vida cultural brasileira, assumindo posições ideológicas e políticas um tanto controversas. Entretanto, para Helô, isso não justificaria o desinteresse acadêmico por sua obra, já que

Rachel ocupou desde muito jovem um lugar singular no cenário da literatura brasileira, quase exclusivamente masculino. Essa talvez tenha sido uma das razões para Heloisa ter se mobilizado para estudar Rachel.

Nos seus ensaios, Helô não procura atribuir um sentido unívoco à carreira e obra de Rachel de Queiroz. Em vez disso, assume a complexidade e as ambiguidades que envolvem a personagem: Rachel escritora, que se tornou figura pública e nome nacional aos vinte anos, após a publicação de seu primeiro romance (*O quinze*, de 1930), mas que se dizia antes de tudo jornalista. Rachel apaixonada por política, que foi comunista na juventude, apoiou o golpe de 1964 e acabou por se definir como anarquista. Rachel independente, que se casou, se separou, casou-se novamente, inventando como quis sua vida particular, um caso raro entre as mulheres de sua geração. Rachel machista, que celebrava seu estilo não ser considerado "literatura de mulher", mas que construiu algumas das personagens femininas mais fortes e autossuficientes da literatura brasileira. Rachel pioneira, a única mulher incluída no movimento modernista, a primeira ocupar uma cadeira na ABL, mas antifeminista convicta.

O antifeminismo confesso de Rachel parece intrigar de modo especial Heloisa, sendo mencionado, direta ou indiretamente, em todos os seus ensaios sobre a escritora. Entre eles, vamos comentar o que leva o título "A roupa de Rachel: um estudo sem importância", publicado na *Papéis avulsos* e no número inaugural da *Revista Estudos Feministas*, em 1992. Trata-se de um dos textos mais marcantes de Helô, que, ao etnografar a entrada de Rachel de Queiroz na ABL, descortina as relações de gênero na sociedade brasileira.

Heloisa começa seu ensaio lembrando que durante praticamente oitenta anos a entrada de mulheres na ABL foi barrada em razão da compreensão ortodoxa feita sobre o artigo 2 dos Estatutos da Academia, o qual estabelecia que só poderiam ser membros da ABL os "brasileiros natos". O debate sobre o acesso feminino à imortalidade literária era colocado, basicamente, como uma questão gramatical: o fato de a palavra "brasileiros" estar no masculino significava que as mulheres estavam excluídas. Apenas em 1976 o regimento interno da instituição foi reformulado, abrindo espaço para a presença feminina, e no ano seguinte Rachel de Queiroz se candidatou para a Cadeira 5.

Eleita, surge a dúvida algo inusitada: "Que roupa usaria Rachel para compatibilizar-se com a simbologia heroica expressa pela espada e os louros do fardão dos imortais?".[129] Abre-se, como registra Helô, uma longa polêmica sobre a roupa de Rachel, em que os próprios acadêmicos se sentiram no direito de decidir o que ela deveria usar. No fim, a escritora aceitou algumas sugestões e escolheu sua roupa, declarando a opção pela sobriedade como uma "opção feminina natural". Em uma declaração para o jornal, Rachel argumenta que "todas as fêmeas da espécie animal são menos ornamentadas que os machos. De maneira que segui a regra." A versão aprovada foi um vestido na cor verde acadêmico, simples, longo, com decote em V e mangas boca de sino, com folhas de carvalho bordadas em fio dourado. A espada ficou de fora.

A posse de Rachel na ABL, segundo Heloisa, foi festejada por vários setores da sociedade brasileira. No samba, no futebol, passando pela política, a posse ganhou ar de manifestação popular. Muito embora Rachel se declarasse antifeminista e muitos jornais explorassem essa tendência nas declarações da escritora, Helô observa que pairava um clima de euforia por uma mulher ter conquistado um lugar em um dos redutos mais tradicionalmente masculinos no país. Para ela, feitas todas as contas, o estilo mais contido de Rachel e seu antifeminismo, num momento em que o movimento feminista crescia e se

---

129 H.B. de Hollanda, "A roupa de Rachel: um estudo sem importância", in *Rachel Rachel*, 2016.

institucionalizava no Brasil, era visto como adequado para abrandar o ritual de passagem das mulheres na instituição.

Só que existia um probleminha: mesmo que a escritora cearense se mostrasse reativa ao feminismo, Heloisa pondera que já em seus primeiros romances, publicados na década de 1930, as personagens femininas construídas por Rachel eram as mais radicais e revolucionárias do período, colocando em pauta questões como a profissionalização da mulher, os constrangimentos do casamento, a liberdade sexual e mesmo o aborto. Questões algo feministas?

Além do mais, ao examinar seu discurso de posse na ABL, Heloisa mostra seus sutis deslocamentos que traduzem, para o feminino, um ritual com "traços patrilineares". Helô observa, mais precisamente, que ao construir a linhagem na cadeira que iria ocupar, logo de início Rachel apresenta seu encontro, quando ainda era moça, com um poema de Raimundo Correia, o patrono da cadeira, num volume já gasto por outra geração de moças, suas tias. Recuperava, assim, uma outra linhagem, a das mulheres leitoras. Ao longo do restante do discurso, a escritora segue entre a insubmissão acadêmica e o elogio contido aos seus antecessores.

Para Heloisa, o caso Rachel mostra uma forma individual de feminismo, "dividido entre a questão social mais geral e o horror ao mundo circunscrito do espaço doméstico reservado às mulheres e às escritoras."[130] Não à toa, acrescenta ela, as figuras das matriarcas nordestinas eram caras a Rachel, que narrava os feitos, as audácias e o cotidiano das senhoras do sertão, lembrando várias formas de poder feminino esquecidas ou destruídas ao longo da história.

É para Rachel que Heloisa dedica seu último livro publicado até o momento sobre o feminismo. Na abertura de *Feminista, eu?*, de 2022, lemos: "Para Rachel de Queiroz, que tinha verdadeiro

130 Idem.

pavor de ser reconhecida como feminista. Perdeu, Rachel! Saudade tanta."[131] O que fala mais alto, para nossa biografada, não é uma declaração política se filiando ao feminismo ou a participação ativa no movimento feminista, mas os gestos, as posturas. É mais ou menos disso que Heloisa trata neste livro de 2022, que corresponde a um segundo momento de sua trajetória em que ela direciona seu foco de pesquisa para o feminismo, depois de ter descoberto outra paixão avassaladora em meados dos anos 1990: as culturas das periferias. Avancemos, então, para a segunda década do século XXI.

DE VOLTA ÀS RUAS: A EXPLOSÃO FEMINISTA

Quanto este país mudou nos anos 2010? Já há uma literatura considerável que preenche prateleiras e mais prateleiras para tentar explicar as mudanças sociais e políticas vividas nessa turbulenta década. Algumas dessas mudanças, talvez, mal começamos a compreender e vão exigir ainda muita pesquisa e discussões para tomarem forma. De qualquer maneira, uma coisa parece certa: assistimos a um novo momento do ativismo feminista no Brasil, seguido de uma forte reação misógina e conservadora, como era de se esperar numa sociedade patriarcal como a brasileira.

Com certa surpresa, Helô Teixeira começou a acompanhar a mobilização de jovens mulheres nas ruas e na internet a partir de 2015. Neste ano, o então presidente da Câmara dos Deputados, Eduardo Cunha, colocou em pauta o Projeto de Lei n. 5069/2013, que tipificava como crime o aborto em casos já autorizados pela lei, como o estupro. O objetivo do projeto era im

---

131 H.B. de Hollanda, *Feminista, eu? Literatura, Cinema Novo, MPB*, 2022, p. 5.

pedir o acesso à informação e a orientações a respeito do aborto legal, prevendo inclusive penas específicas para quem induzisse a gestante à interrupção da gravidez. Diante disso, milhares de mulheres saíram às ruas das capitais brasileiras para protestar. Muitas delas já estavam envolvidas em manifestações e coletivos feministas fazia um bom tempo. Nas redes sociais, campanhas com hashtags trouxeram à tona o assédio e a violência sexual contra as mulheres. Uma verdade explosão feminista.

O livro-ocupação de Heloisa, *Explosão feminista: arte, cultura, política e universidade*, de 2018, oferece um panorama do que ela identifica como a quarta onda feminista no Brasil, a qual ocupou as ruas, as redes sociais, as escolas e universidades públicas, colocando em cena novas estratégias políticas, lutas, sonhos e pautas feministas.

A metáfora das ondas tem sido utilizada por muitas teóricas para caracterizar momentos significativos de mobilização feminista. Alguns a consideram algo imprecisa, já que as narrativas mais hegemônicas sobre as ondas têm colocado em foco mobilizações de mulheres brancas das classes médias, geograficamente localizadas. Outros consideram uma boa imagem para indicar que há momentos nos quais as lutas feministas saem de um período de atuação mais discreta para irromper o debate público com imensa força. Entre os integrantes deste último grupo, não há consenso sobre a periodização das ondas ou até sobre quantas existem (três ou quatro?). Foge ao nosso escopo abordar essas polêmicas, mas lembramos que elas existem para ressaltar que Helô Teixeira se vê como uma feminista da terceira onda, ocorrida entre os anos 1980 e 1990. Para ela, essa onda foi marcada pela emergência de um pensamento teórico feminista.

É assim que Heloisa se apresenta na introdução de *Explosão feminista*:

> Sou uma feminista da terceira onda. Minha militância foi feita na academia, a partir de um desejo enorme de mudar a universidade,

de descolonizar a universidade, de usar, ainda que de forma marginal, o enorme capital que a universidade tem.[132]

Na sequência, afirma que acreditava que a sua geração teria sido a última empenhada na luta das mulheres, até levar um susto – "um susto alegre" – ao perceber uma nova geração de feministas gritando diante da ameaça de retrocesso que representava a aprovação do PL 5069/2013.

Helô foi pesquisar esse novo momento do ativismo feminista no Brasil – suas estratégias, suas formas de mobilização, suas narrativas de si. Sobretudo, *escutar* o que a nova geração de mulheres feministas tinha a dizer. Assim, no cruzamento de gerações e experiências feministas, construiu o que ela chamou de "livro-ocupação". É um projeto editorial inovador que compromete, definitivamente, a noção de autoria.

Explosão feminista é um livro escrito *com* jovens feministas. As duas primeiras partes trazem uma escrita compartilhada entre Heloisa e várias jovens que registra a mobilização das mulheres nas ruas, nas redes e na política representativa, e como o feminismo passou a se expressar nas artes, na poesia, no cinema, no teatro, na música e na universidade. Na quarta onda, além das pautas recorrentes entre feministas de diferentes gerações, como o machismo no mercado de trabalho e a violência contra as mulheres, ganharam força os debates sobre discriminações de raça, de orientação sexual e de identidade de gênero. A combatividade das mulheres também passou a se inscrever no corpo, e a internet se transformou num espaço com enorme potencial para coletivizar experiências e mobilizar ações. Com as questões e práticas forjadas pela nova geração de feministas, Heloisa não se sentiu no direito de falar *por elas*. Quis aprender *com elas*, cedendo espaço para escrita conjunta.

---

132 H.B. de Hollanda, "Introdução: o grifo é meu", in *Explosão feminista: arte, cultura, política e universidade*, 2018, p. 11.

Explosão feminista também é um livro escrito *por* outras feministas. Reconhecendo a importância do debate sobre os lugares de fala, Heloisa abre espaço na terceira parte para que jovens feministas representem os muitos feminismos que marcam a quarta onda: o feminismo negro, o feminismo indígena, o feminismo asiático, o transfeminismo, o feminismo lésbico e o feminismo protestante. A nova onda, para Helô, é a do *feminismo da diferença*, que têm condições etárias, étnicas e relacionadas ao gênero diferentes, além de experiências e formações distintas na política, na vida profissional ou acadêmica.

Ela inicia a terceira parte com um capítulo de sua autoria, intitulado "Falo eu, professora, 79 anos, mulher, branca e cisgênero". É uma afirmação contundente de que não é mais possível negar as diferenças entre as mulheres e suas demandas. O feminismo negro, por exemplo, enfrenta a desigualdade, a discriminação e o genocídio sofrido pela população negra. Já o feminismo indígena inclui entre suas reivindicações a demarcação das terras indígenas; entre suas denúncias, o genocídio dos povos indígenas; e entre suas lutas, o direto à saúde desta comunidade. Ou seja, há uma heterogeneidade de demandas em pauta, que demoraram para serem ouvidas, e que ainda são pouco ouvidas. Por isso, para Helô, o grande desafio é promover um tipo de *escuta* na qual "sejam possíveis formas inovadoras de empatia e de troca que gerem novas perspectivas de reflexão e ação."[133] Invocando Hannah Arendt, Heloisa afirma que sem diálogo não há política.

A última parte do livro não apresenta novas formas de ativismo feminista. Reúne sete depoimentos de "feministas veteranas" como um "sinal de alerta" sobre uma memória não escrita sobre o feminismo brasileiro que atuou nas últimas décadas do século XX. Foi um momento em que, durante a transição democrática, as feministas construíram sólidas articulações com

---

133 H.B. de Hollanda, "Falo eu, professora, 79 anos, mulher, branca e cisgênero", in *Explosão feminista: arte, cultura, política e universidade*, 2018, p. 248.

instituições políticas e organizações não governamentais, procurando usar as ferramentas institucionais para pressionar pela criação e aprovação de políticas públicas para mulheres. Também foi o momento em que os estudos sobre mulheres e as relações de gênero começaram ganhar expressão nas universidades.

Diríamos, na verdade, que essa última parte de *Explosão feminista* é um duplo sinal de alerta: não apenas sobre uma história ainda pouco registrada sobre o feminismo brasileiro, mas uma advertência de que, apesar das novas formas de ativismo, da capacidade que a internet tem hoje para unir e mobilizar as feministas, muitas das questões levantadas pelas "feministas veteranas" seguem sendo pautadas pelas "feministas da quarta onda".

Este talvez não seja o melhor momento para discutir a sensação tão bem caracterizada por Roberto Schwarz[134] de que, no Brasil, a vida intelectual parece sempre estar recomeçando do zero a cada geração. O que acabamos de viver intensamente sob o governo de extrema direita de Jair Bolsonaro e ainda vivemos em termos de uma espiral da democracia indica que algo semelhante ocorre também na vida associativa e política. O que se passa neste país? Muito já se disse, com ou sem razão, sobre o Brasil ser um país sem memória.

É certo que dois (e provavelmente outros) dos componentes do problema são gerais, não são particularidades do Brasil, e têm a ver com o fato de que cada geração tende a acentuar o caráter radical da sua era de mudança. E isso tem se mostrado, até certo ponto, uma das estratégias mais eficientes e, por isso mesmo, mais recorrentes na história. A afirmação de uma "nova geração" implica sempre certo exagero em relação à distância que a separaria de seus predecessores. Se o conflito entre gerações, como observou Barrington Moore Jr., evocando o romance *Pais e filhos* de Turguêniev, é constitutivo do caminho da compreensão histórico-sociológica cumulativa, dele não raro

---

134 R. Schwarz, "Nacional por subtração", in *Que horas são?: ensaios*, 1987.

provém um prejuízo ingênuo e com muitas consequências: a "tendência para aceitar sem crítica a noção de que a atual geração realmente resolveu certas questões de modo mais ou menos permanente."[135]

Não será preciso insistir no fato de que, baseada em cômodas distinções entre "novo" e "velho", a ênfase numa ideia unilateral, uniforme e progressista de ruptura coloca-se de costas aos princípios dialéticos mais elementares. No entanto, apenas lembremos que, como avaliou Terry Eagleton, se "a ideia de ruptura absoluta é 'metafísica', também o é a noção de uma continuidade inteiramente sem cortes".[136] Ainda mais num processo de modernização como o brasileiro, historicamente marcado pela ruptura e ao mesmo tempo pela continuidade.

Já assinalamos como Helô Teixeira diverge acintosamente da visão mais corriqueira da oposição entre gerações. No primeiro capítulo, vimos a improvável aproximação que ela fez da sua geração com a do seu professor Alceu Amoroso Lima pela ideia de pragmatismo da ação intelectual. No segundo, como levou ao extremo a crítica à sua própria geração para dar visibilidade e inteligibilidade aos novos poetas que então surgiam. Estamos vendo neste capítulo a importância da figura de Rachel de Queiroz para Heloisa, bem como seu esforço de se colocar em diálogo com as jovens feministas da quarta onda. Agora, passamos a discutir suas múltiplas interlocuções sobre teorias feministas.

O movimento em Heloisa Teixeira é sempre intergeracional, para a frente e para trás. Em relação. Em comunicação. Em conflito. É nesse sentido que, a nosso ver, se deve entender sua extrema dedicação nos últimos anos a compor repertórios intelectuais criativos e consistentes, pondo em diálogos gerações diferentes de mulheres na Coleção Pensamento Feminista, da

---

135 B. Moore Jr., *As origens sociais da ditadura e da democracia*, 1983, p. 501.

136 T. Eagleton, *A ideologia da estética*, 1993, p. 68.

editora carioca Bazar do Tempo, que, encabeçada por Ana Cecilia Impellizieri Martins, define-se como uma editora feminista.

A proposta editorial da coleção, que exigiu muita pesquisa, estudos e diálogos por parte de Heloisa, bem como ela gosta, é publicar livros especialmente voltados para as jovens feministas – a quem Helô costuma chamar de "netas políticas" –, tanto como um apoio para os estudos de gênero quanto para o ativismo feminista. E haja fôlego: foram quatro livros publicados em dois anos.

A coleção repõe, novamente, os compromissos ético e intelectual que, na trajetória de Heloisa, se mostram indissociáveis. Se por um lado há um caráter pragmático, buscando responder às demandas de pesquisadoras e ativistas, de outro, a coleção não deixa de responder a interesses e curiosidades intelectuais mais particulares e profundas da própria Heloisa. Assim, as escolhas e a organização dos livros parecem atender ao propósito de evidenciar a pluralidade, a flexibilidade e as interpelações e redefinições de conceitos dos estudos feministas, como o de gênero, mas também os desafios presentes nas práticas cotidianas que organizam a vida em sociedade.

O conceito de gênero, tal como constituído na terceira onda feminista, parece ser uma porta de entrada particularmente interessante para evidenciar a possibilidade plural de sentidos que a vida em sociedade pode comportar. Principalmente porque o modo como o conceito é trabalhado a partir dessa onda visa evidenciar o caráter semântico da vida em sociedade. Essa ênfase narrativa coloca em primeiro plano a construção de significados e a marcação de diferenças no âmbito cultural. Se os significados são construídos e não constitutivos, a vida pode se tornar mais plástica, fluida. Os significados estão em disputa.

É nessa linha que se organiza o primeiro livro da coleção, *Pensamento feminista: conceitos fundamentais*, de 2019. A obra reúne dezessete autoras para recompor a trajetória do desenvolvimento da noção de gênero. Nancy Fraser, Joan Scott, Monique

Wittig, Sandra Harding, Teresa de Lauretis, Donna Haraway, Judith Butler, Audre Lorde, Gayatri Spivak, Patricia Hill Collins, Sueli Carneiro, Gloria Anzaldúa, Lélia Gonzalez, María Lugones, Silvia Federici, Teresa de Lauretis, além de Paul B. Preciado foram nomes evocados para concretizar este projeto.

Este livro, assim como a coleção, nasceram de um curso especial ministrado por Heloisa em 2018 na UFRJ, intitulado ironicamente "O cânone feminista", e em larga medida recuperam os propósitos de *Tendências e impasses*, de 1994. Tendo em vista a centralidade do conceito de gênero nos trabalhos acadêmicos, bem como nas lutas das jovens ativistas, *Pensamento feminista: conceitos fundamentais* apresenta um apanhado representativo das "teorias de gênero, seus conflitos, sua revisão contínua nesses últimos anos, suas diversas possibilidades e perspectivas enquanto categoria de análise",[137] como diz a organizadora.

Publicado no mesmo momento, *Pensamento feminista brasileiro: formação e contexto*, reúne vinte autoras, dentre as quais pioneiras dos estudos de gênero no país, como Beatriz Nascimento, Lélia Gonzalez, Constância Lima Duarte, Cynthia Sarti, Branca Moreira Alves, Jaqueline Pitanguy, Heleieth Saffioti, Sueli Carneiro, Bila Sorj, entre outras. O objetivo deste volume é apresentar textos fundadores do feminismo para recontar a história do movimento no Brasil para as jovens feministas brasileiras. Segundo Heloisa, as escolhas "foram feitas preferencialmente na direção de sinalizar os caminhos do pensamento feminista brasileiro, os temas mais abordados pelas pesquisas e algumas de suas principais protagonistas."[138]

Podemos dizer que a preocupação com os diálogos intergeracionais e com os repertórios, tanto em termos intelectuais,

---

137 H.B. de Hollanda, "Introdução", in *Pensamento feminista: conceitos fundamentais*, 2019, p. 10.

138 H.B. de Hollanda, "Introdução", in *Pensamento feminista: formação e contexto*, 2019, p. 16.

quanto de ações coletivas, forjados pelas feministas brasileiras pioneiras ganham expressão definitiva. Muitas vezes esquecidos ou negligenciados, esses repertórios estão agora disponíveis, articulando passado e presente a fim de estabelecer novos incrementos ao diálogo e permitir a construção de novos horizontes futuros, reunindo feministas de diferentes gerações numa luta que é, ao fim e ao cabo, permanente.

O que é particularmente potente neste segundo volume é o chamado a esse conhecimento mútuo entre as feministas, assim como o reconhecimento da dimensão processual das lutas e conquistas feministas nas múltiplas comunicações entre academia e política. Também chama atenção o cuidado e a atenção para com os contextos particulares dos estudos feministas no Brasil, buscando mostrar as limitações, mas também as diversas soluções encontradas pelas pesquisadoras e ativistas para enfrentar as restrições teóricas de cada momento. O feminismo é um aprendizado social. E conhecer sua história é se apropriar das suas conquistas e compreender seus recuos e fracassos.

O percurso realizado pela organização do livro, no entanto, não se propõe a uma denúncia dos limites passados e a afirmação de uma realização utópica e plenamente plural no presente. Seu recado é evidente: se no presente os estudos feministas ganham adensamento crítico e maior espaço, se as jovens não temem se afirmar como feministas, os limites permanecem, e é necessário questioná-los e enfrentá-los, assim como foi preciso lidar com as limitações particulares dos anos 1970 e 1980 àquela época. Resta, portanto, a lição, e não o exemplo, das feministas veteranas para que as feministas do século XXI possam lidar com os seus desafios.

Os dois últimos livros da Coleção Pensamento Feminista, ambos de 2020, são *Pensamento feminista hoje: perspectivas decoloniais* e *Pensamento feminista hoje: sexualidades no sul global*. No primeiro, Heloisa de certa forma se hospeda num texto de Yuderkys Espinosa Miñoso[139] para se apropriar da angústia causada pela percepção de que, ambas, embora feministas e engajadas na luta pela emancipação das mulheres, foram formadas e compartilham de conceitos básicos de uma teoria feminista alinhada ao modo de opressão que visa combater. A autocrítica da organizadora é um tanto radical, especialmente se lembrarmos que ela procurou promover debates latino-americanos sobre gênero e raça desde os anos 1980. Mas no volume de 2020 ela quer registrar que os conceitos básicos do feminismo são eurocentrados e marcados por um projeto civilizacional hegemônico, alinhado com a branquitude patriarcal e informado na autoridade e na colonialidade de poderes e saberes. Como Miñoso, portanto, o livro pretende enfrentar esse monstro do qual também é parte.

A perspectiva decolonial latino-americana, para Heloisa, não busca apenas denunciar o projeto colonial do Ocidente, mas também garantir voz a sujeitos invisibilizados, "recuperar narrativas ancestrais, desconstruir e reconstruir o confronto pré e pós-colonial, recuperar epistemologias silenciadas."[140] Buscando mais uma vez articular teoria e ativismo, com esse livro e o seguinte, Heloisa passa mais e mais a recolocar o feminismo como uma questão relativa aos princípios do conhecimento, aquilo que na filosofia e na ciência se chama de epistemologia, a reflexão permanente sobre os modos de produção do conhecimento.

O problema é controverso e exige aprofundamentos que escapam aos nossos objetivos aqui, mas vale sublinhá-lo. Se, no caso do feminismo, por um lado é estratégica a recuperação de narrativas e práticas concretas como modos de viver não teorizados, em oposição às abstrações eurocentradas, que ganham

---

139 Y.E. Miñoso, "De por qué es necesario un feminismo descolonial: diferenciación, dominación con-constitutida de la modernidad occidental y el fin de la política de la identidad", in *Solar*, 2016.

140 H.B. de Hollanda, "Introdução", in *Pensamento feminista hoje: perspectivas decoloniais*, 2020, p. 18.

universalidade justamente por suas operações de abstração legitimadas, a ênfase nas vivências locais não implicaria redução do escopo de propostas emancipatórias?

Não existe resposta única para a questão. E certamente as respostas não serão simples. Heloisa a coloca como uma espécie de advertência sobre o risco de se adotarem as teorias exploradas no livro como meros modelos pré-fabricados para a nossa discussão. Não se trata de usar o decolonial para refutar o projeto ocidental com simplismo, aparando arestas e jogando para baixo do tapete resíduos de uma sociedade marcada não apenas pela diversidade cultural, mas também por desigualdades sociais duráveis.

Em outras palavras, leitoras e leitores são convocados a trabalhar em conjunto na reflexão e confecção de formulações que, não deixando de lado o ganho teórico trazido pelas perspectivas decoloniais, também não subestimem os processos mais gerais de desigualdades, como as de classe, que também perpassam a sociedade como um todo e essas próprias diferenças que as constituem, de modo interseccional. Enfim, temos aqui, como diz Helô, "uma tarefa trabalhosa e bela para construirmos, *juntas,* um pensamento decolonial com dupla atenção para as exclusões de classe, quase abandonadas pelas novas políticas feministas representacionais" (grifo nosso).[141]

O quarto livro da coleção, *Pensamento feminista hoje: sexualidades no sul global,* estabelece um diálogo muito profícuo com os três anteriores, valendo-se do acúmulo temático e teórico da série para aprofundar o problema das epistemologias baseadas em binarismos. Daí a valorização por parte de Heloisa dos estudos feministas interseccionais, abordagem que considera múltiplas variáveis – como raça, nacionalidade, sexualidade, classe, religião etc. – na reflexão sobre as relações entre gêneros na sociedade.

141 Ibid., p. 34.

Para Heloisa, é justamente pela interseccionalidade que se abre um horizonte de articulação de lutas que permite colocar em xeque não somente as relações locais de dominação baseadas em gênero, mas a própria estrutura do capitalismo, fenômeno global e que depende da performance reiterada das rígidas marcações de gênero para garantir a estabilidade das relações que o mantém.

Por isso, o conceito de *queer* é o elemento norteador para a escolha dos textos compilados neste último volume. A organizadora valoriza no conceito sua força em fazer com que a língua se lastreasse na estranheza, no termo estrangeiro que resiste, nos corpos excêntricos, nas práticas diversas. O que está em foco, em suas palavras, é a "lógica *queer* como instrumento radicalmente desconstrutivo, capaz de promover práticas pedagógicas provocadoras, progressistas e subversivas". Radicalizando essa perspectiva, Heloisa torna o próprio conceito um estrangeiro. Se o foco do conceito é evidenciar a variação e a fluidez das concepções de si que podem existir no mundo, capazes de questionar "nossos modos de desejar, de dizer, de fazer e de ser, em relação e em comunidade"[142], ela coloca em questão o próprio conceito.

Mais uma vez vemos Heloisa em ação: ampliando o campo do gênero com novas perguntas, novos desenhos, objetos e sujeitos. Cruzando teoria e ativismo. Uma noção importante que se destaca neste último livro, mas que, como percebemos melhor ao fim da leitura de toda a coleção, também as outras obras do conjunto, é a de "performance". Nas palavras da organizadora:

> Por algum motivo não imediatamente comprovável, comecei a sentir que a questão da trajetória das experiências, desejos, classificações e conceitualizações sobre o corpo, e mais especifica-

142 Ibid., p. 24-25.

mente sobre a sexualidade, marcavam (ou permitiam) os saltos epistêmicos da história dos estudos de gênero.[143]

A atenção para essa dimensão performática, da experiência capaz de pôr em xeque modos hegemônicos de experimentar o mundo, leva Heloisa a valorizar o que chama de uma "virada experimental corporal e sexual conduzida progressivamente pelos estudos e expressões artísticas e ativistas lésbicos/queer."[144] A questão, claro, já estava delineada nos volumes anteriores da coleção, mas ganha nova inteligibilidade quando vista a partir da questão *queer*.

No terceiro livro, sobre as perspectivas decoloniais, Heloisa dá um passo fundamental nessa direção ao trazer imagens e textos de três artistas plásticas contemporâneas: Adriana Varejão, Rosana Paulino e Marcela Cantuária. Seu objetivo é discutir, assim, a potência epistemológica da arte como performance capaz de apontar para novos horizontes com fronteiras menos demarcadas do campo do gênero.

Vista em sua totalidade, a Coleção Pensamento Feminista desenha teorias de médio alcance sobre gênero e sociedade revitalizando este campo como, em que pese a pluralização e fragmentação social contemporâneas, uma instância central e horizontal que perpassa, em termos simbólicos e institucionais, o conjunto da sociedade, e como elemento crucial para a sua democratização. De um lado, estruturas simbólicas compartilhadas que fazem da sociedade brasileira patriarcal e machista; de outro, performances feministas que, se exitosas, são capazes de promover novas conexões simbólicas e emocionais.

As performances, porém, não apenas mobilizam recursos culturais, mas também são dependentes de recursos materiais,

---

143 H.B. de Hollanda, "Introdução", in *Pensamento feminista hoje: sexualidades no sul global*, 2020, p. 11.

144 Ibid., p. 26.

de poder e de difusão social. Mais do que uma forma de expressão, a performance é a ligação reflexiva entre teoria e ação. Heloisa as considera dimensões próprias e irredutíveis uma à outra, mas sempre mutuamente implicadas, numa relação de irritação mútua em que uma afeta a outra e, assim, muda potencialmente todo o circuito de que fazem parte. São comunicações múltiplas e se dão em diferentes direções, mas sempre contingentes e, por isso, às vezes criativas e até surpreendentes.

Com a Coleção Pensamento Feminista, Helô entrega uma potente caixa de ferramentas para jovens feministas, que com ela em mãos podem conhecer melhor precursoras e processos de reconhecimento e de luta pelos direitos das mulheres. Livros tão mais importantes se lembrarmos da crescente contestação da agenda da igualdade de gênero e da diversidade sexual por parte dos conservadorismos contemporâneos, que vêm mostrando, como as jovens feministas, também enorme capacidade de mobilização, dentro e fora do Brasil.

O EFEITO ANA C.

A aproximação de Heloisa Teixeira das jovens feministas e seu interesse em entender as diversas camadas da explosão feminista a levaram também a uma "releitura" de alguns de seus temas preferidos. Isso fica evidente em dois de seus últimos livros: *As 29 poetas hoje*, antologia publicada em 2021, e *Feminista, eu? Literatura, Cinema Novo, MPB*, de 2022.

As 29 poetas hoje foi lançado junto com a reedição de *26 poetas hoje* pela Companhia das Letras, no aniversário de 45 anos da primeira e polêmica antologia de Helô. Enquanto o livro de 1976 reunia pouquíssimas mulheres e a maioria dos poetas era do Rio de Janeiro, o de 2021 traz apenas mulheres, provenientes de todo o Brasil e contagiadas, de alguma forma, pela quarta onda feminista. Para além dos títulos que ligam as duas antologias, que não deixam de expressar o traço tão característico de Heloisa Teixeira de pensar o aqui e o agora, uma personagem faz a ponte entre elas: Ana Cristina Cesar, referência para a poesia de mulheres desde a publicação de *A teus pés*, em 1982.

A primeira antologia de Heloisa revelou Ana Cristina Cesar. Helô conheceu seus poemas através de Clara Alvim, que foi sua professora na PUC-Rio. Entre os poetas marginais, Ana C., como ficou conhecida, era a única mulher. Segundo Heloisa, ela era e se comportava como musa no meio deles, um pouco distante, como todas as musas. E tinha uma performance bem diferente da dos homens: "sua poesia era muito trabalhada, com referências literárias nacionais e estrangeiras explícitas, um texto denso, carregado de subtextos e camadas de sentido."[145]

Foi Heloisa que ajudou Ana C. a montar seus primeiros livros. Em *Escolhas*, conta que um deles surgiu de uma provocação sua:

> Estávamos em Búzios, e sugeri que ela escrevesse uma longa carta para um destinatário imaginário, e que a publicasse com o título *Correspondência completa*. Ana não hesitou. Escreveu a carta em menos de uma hora, fomos ao centro, tiramos xerox reduzido dos originais e montamos, as duas, manualmente, um livrinho do tamanho de uma caixa de fósforo. Chegando no Rio encomendamos a impressão em *silk* de um desenho que sugeria um carimbo oval com um aviãozinho no centro sobre cartolina amarela, grampeamos um a um. Assim nasceu a estranha *Correspondência completa* de Ana C. Cada exemplar foi ainda embalado e lacrado em plástico transparente à moda das revistas de pornografia vendidas em jornaleiros.[146]

Algum tempo depois que Ana C. se foi, Heloisa organizou, com Armando Freitas Filho, sua *Correspondência incompleta*, que foi

145 H.B. de Hollanda, *Escolhas: uma autobiografia intelectual*, 2009, p. 135.
146 Ibid., p. 137.

lançada em 1999. É um livro com cartas que Ana C. enviou para quatro amigas, entre elas Helô. A leitura do conjunto das cartas dá algumas pistas da profunda ligação entre as duas. Em várias cartas para Clara Alvim, por exemplo, Ana C. conta sobre o que andava "aprontando" com Helô por aí.

O "efeito Ana C." é discutido na abertura de *As 29 poetas hoje*. No momento da explosão feminista, Helô traz Ana Cristina Cesar para a conversa por entender que a poeta refletiu, como poucas de sua geração, sobre o que seria uma "poesia de mulher". De um lado, a poeta acusava a crítica literária de consolidar certa visão sobre o que deveria ser a poesia feminina – poesia do sensível, do inefável, que privilegia o pudor, o velado etc. –, excluindo, assim, os "temas de mulher". De outro, criticava a poesia que se declarava feminista, por entender que esse tipo de produção era apenas uma inversão da poética bem-comportada da linguagem feminina. Seria possível escrever "poesia de mulher" sem ser feminista e nem cair na idealização do feminino?

Para Heloisa, Ana Cristina Cesar não chegou a definir exatamente o que seria uma poética de mulheres. No entanto, ela perseguiu como estratégia "uma escrita livre das marcas da delicadeza e da sensibilidade, uma escrita suficientemente porosa que pudesse acolher os tais 'temas de mulher'".[147] Sua voz feminina trabalhada, seu estilo poético pioneiro, foi uma espécie de terreno para muitas poetas que vieram depois dela, como Angélica Freitas, Marília Garcia, Alice Sant'Anna, Ana Martins Marques e Bruna Beber. São as poetas que Heloisa elege para compor o "jovem cânone" da poesia de mulheres no Brasil. E elas são referências, por sua vez, para muitas das escritoras incluídas na antologia *As 29 poetas hoje*. Tudo começou com Ana C.?

As poetas do "jovem cânone" de Helô – que, obviamente, utiliza o termo com fina ironia, sinalizando que qualquer cânone

---

147 H. B. de Hollanda, "É importante começar essa história de algum lugar, ainda que arbitrário", in *As 29 poetas hoje*, 2021, p. 11.

é sempre arbitrário – já estavam em seu radar fazia um bom tempo, como podemos constatar pela seleção de outra antologia organizada por ela, *Otra línea de fuego: quince poetas brasileñas ultracontemporáneas*. A edição bilíngue da Maremoto, lançada em 2009, inclui Ana C., as poetas do "jovem cânone" e outras que representam a variedade da produção poética de mulheres brasileiras.

Já as 29 poetas da antologia de 2021 foram descobertas por Heloisa durante sua pesquisa para *Explosão feminista*, quando ela percebeu o impacto do feminismo na produção de jovens poetas. Segundo conta no prefácio, ela se deparou com uma "poesia criativa, direta, com estilo próprio, que reinventa o lugar da poesia e enfrenta um momento de alta voltagem conservadora."[148] As vozes que Heloisa reúne na nova antologia são múltiplas: lésbicas, negras, trans, indígenas, interseccionais etc.

Apesar de constatar o impacto do feminismo na produção poética, Heloisa não define os escritos das jovens incluídas em *As 29 poetas hoje* como uma "poesia feminista". Em um gesto que invoca de algum modo Ana C., ela prefere destacar que essa poética "passa a ser modulada por uma *nova consciência política da condição da mulher* e do que essa consciência pode se desdobrar em linguagens, temáticas e dicções poéticas" (grifos nossos).[149] O diferencial das jovens poetas, para Helô, é a conquista de um ponto de vista próprio a partir do qual enfrentam o cotidiano, os desejos e os custos de ser mulher. O parto, a menstruação, o estupro, as violências cotidianas, o aborto, a sexualidade, a vida doméstica, a maternidade, para citar apenas alguns temas, tornam-se assuntos preferenciais de uma poética que não só quer pautar novos eixos temáticos presentes no cotidiano das jovens, mas também interpelar as regras daquilo que é conhecido como "boa literatura".

148 Ibid., p. 25.
149 Ibid., p. 24.

Heloisa observa que essa poesia de jovens mulheres apresenta grande heterogeneidade formal. Mas diz que há uma fina sintonia entre elas, para além dos "temas de mulheres" que abordam. Como se trata de um tipo de poesia historicamente silenciada, as poetas desenvolvem estratégias mais "coletivas" e articuladas de produção poética. Utilizam blogs, coleções, coletivos, editoras independentes etc. para fazer circular suas produções. Outra frente comum dessa poesia é a produção de leituras e performances públicas em saraus, em *slams*, na web, fazendo o corpo e a voz se tornarem parte da poesia. Por isso mesmo, Helô toma o cuidado de não prender as poetas no livro escrito. Colocando entradas de QR Code, ela mantém as jovens mulheres em movimento, ampliando o eco de suas vozes e performances.

Sendo escrita ou falada, Heloisa tem sugerido com suas diversas antologias que a palavra é um veículo fundamental para trazer à tona múltiplas experiências e visões de mundo. Ao dar espaço para poetas alternativos, marginais ou emergentes, emprestando o prestígio que construiu em décadas de atuação como crítica da cultura, ela busca fazer com que essa voz seja cada vez mais lida e ouvida – sobretudo se quisermos inventar modos mais democráticos da vida em sociedade. Daí sua briga incansável com os "cânones", que teimam em excluir ou marginalizar tantas vozes.

Feminista, eu?, o outro livro que mencionamos em que Helô "relê" alguns de seus temas preferidos, destaca a participação das mulheres na cena cultural brasileira entre os anos 1960 e 1980. Com base em sua experiência pessoal, do acúmulo de suas pesquisas sobre cultura e política nos anos de ditadura, somada a entrevistas inéditas com personagens centrais do período, Heloisa reconstrói com esmero a história de muitas mulheres pioneiras na literatura, na música popular brasileira, no cinema e na produção jornalística.

Como a Coleção Pensamento Feminista, este trabalho é dedicado às jovens feministas. É um livro-irmão de outro,

Feminismo no Brasil: memórias de quem fez acontecer, de Branca Moreira Alves e Jacqueline Pitanguy, também publicado em 2022 pela editora Bazar do Tempo. Juntos, eles mostram o admirável esforço dessas "feministas veteranas" para registrar histórias, memórias e debates do momento em que o movimento feminista se organizava entre nós.

Os dois livros indicam que as pautas feministas, no começo dos anos 1960, ainda eram discretas no Brasil. Mas a força libertária dos movimentos de contracultura no pós-golpe de 1964 e as discussões que emergiram sobre a condição das mulheres a partir do Ano Internacional da Mulher e da Década da Mulher contribuíram para consolidar os movimentos feministas no país. Enquanto Branca e Jacqueline dão mais destaque à luta pelos direitos das mulheres, sobretudo entre 1970 e 1980, acompanhando as atuações de feministas em organizações e instâncias de poder, Heloisa procura entender o impacto do feminismo "recém-chegado" sobre a obra das produtoras culturais mulheres dos anos 1960 até os anos 1980.

Em pleno quadro da ditadura militar, a direita considerava o feminismo um ativismo radical, perigoso e imoral, para dizer o mínimo. Já a esquerda, que resistia ao regime militar, colocava-se simpática à independência e liberdade das mulheres, mas achava o feminismo um tipo de reformismo burguês. Para muitas pessoas, a palavra "feminista" tinha uma conotação altamente negativa – as feministas eram tachadas de mal-amadas, masculinas, feias etc.

Episódios e pronunciamentos lamentáveis do ex-presidente Jair Bolsonaro e de seus seguidores públicos em anos recentes são bons exemplos de como esse tipo de visão permanece viva na sociedade brasileira. E é esse o contexto em que Heloisa se move analisando os anos da ditadura a partir de uma perspectiva de gênero. Não vamos apresentar seu argumento em detalhes, mas queremos chamar atenção para sua hipótese e para o alerta que faz.

Feminista, eu? aborda as ambiguidades nas posturas das produtoras culturais mulheres em relação aos movimentos feministas. Muitas das mulheres que conquistavam espaços na música popular brasileira, no cinema, na literatura e na produção jornalística evitavam que suas imagens profissionais ou artísticas fossem vinculadas ao feminismo. Ao mesmo tempo, a fala forte de muitas delas atravessava barreiras até então impostas às mulheres e enfrentava "alguns clubes do Bolinha". Para Helô, mesmo que muitas produtoras culturais mulheres não se identificassem publicamente com o ativismo feminista, e em alguns casos até rejeitassem qualquer ligação com a causa, suas atuações e obras contribuíam para rotinizar valores e ideias feministas no Brasil. É um argumento que retoma, de certo modo, sua análise sobre Rachel de Queiroz, para quem, como vimos, o livro é dedicado. Também recoloca as enormes dificuldades do ativismo feminista no país, que têm inquietado Heloisa há décadas.

Ela encerra o livro com uma advertência para lá de pertinente: se o feminismo ganhou visibilidade e está em pauta na academia, nas instituições culturais e na agenda política, e muitas mulheres sentem orgulho de se declararem feministas, a adesão ao feminismo hoje ainda é restrita a setores com largo acesso à educação

> Mulheres de favela, comunidades ou mesmo subúrbios não se reconhecem e até mesmo rejeitam a adesão ao feminismo. Essas mulheres, na maior parte das vezes protagonistas de lutas contra a violência doméstica e policial, contra o machismo exacerbado no interior de suas famílias, empregos, trabalhos e mesmo diante da lei, não se veem contempladas nas pautas feministas a não ser enquanto categorias profissionais ou socializadas.[150]

---

150 H.B. de Hollanda, *Feminista, eu? Literatura, Cinema Novo, MPB*, 2022, p. 215-216.

Para Heloisa, se a proposta principal do feminismo é a defesa da igualdade radical de direitos, que pressupõe, por certo, uma implosão nas estruturas socioeconômicas que conformam as raízes da opressão das mulheres, as feministas de hoje não podem ignorar essas mulheres e suas demandas "visceralmente contextuais" – como moradia, salários precários, violência policial, acesso à saúde e educação etc. O feminismo para os 99% de que falam autoras como Cinzia Arruzza, Tithi Bhattacharya e Nancy Fraser,[151] citadas por Helô nos parágrafos finais do livro, pressupõe olhar para essas mulheres e construir também com elas outro futuro. É por esse futuro igualitário que Heloisa tem dedicado sua crítica-vida.

* * *

Um P.S. *sem importância* sobre o sobrenome de Helô Teixeira. Em 28 de julho de 2023, dois dias após completar 84 anos, Heloisa tomou posse na Academia Brasileira de Letras, utilizando um fardão quente, muito parecido com o traje masculino. A roupa que Rachel de Queiroz escolheu, um vestido longo, discreto e elegante, foi abandonado em 2010 pelas acadêmicas. Não sabemos exatamente o motivo dessa mudança. Em jornais do período, encontramos apenas o registro de Ana Maria Machado dizendo que ela votou contra a substituição.

Mas, se Helô não pôde escolher o próprio traje para entrar na Casa de Machado de Assis ou repetir o de Rachel, ela escolheu um sobrenome distinto do que portava quando foi eleita em abril do mesmo ano. Trocou o Buarque de Hollanda, sobrenome do primeiro marido que ela usou por toda sua carreira profissional, pelo Teixeira, de sua mãe. Ela já queria fazer a troca há uns anos, mobilizada que estava pelo feminismo pulsante da quarta onda. No entanto, escolheu o momento de entrada na

---

151 C. Arruzza, T. Battacharya e N. Fraser, *Feminismo para os 99%: um manifesto*, 2019.

ABL, uma das instituições mais prestigiadas e conservadoras do país, para oficializar a mudança de sobrenome, afirmando que entrava lá com as "Quebradas", onde a figura da mãe, da ancestralidade, é fundamental.

E Heloisa Teixeira foi além dessa rebeldia. No discurso de posse, logo após cumprimentar os presentes, começou a construir a linhagem da Cadeira 30, que ela passaria a ocupar, subvertendo o ritual. Diz ela:

> Nesse momento, em que dou início ao ritual de entrada na Academia Brasileira de Letras, descubro que essa é a primeira vez que experimentamos, nesta Casa, a sucessão entre mulheres. Somos, ao todo, ainda pouquíssimas na história desta Academia. A proporção é de 10 mulheres para 339 homens, uma realidade eloquente e que reflete a situação das mulheres nestes últimos séculos.[152]

Heloisa Teixeira passa, então, a nomear as antecessoras mulheres na ABL, e fala algo sobre cada uma delas: Rachel de Queiroz, Dinah Silveira de Queiroz, Lygia Fagundes Telles, Nélida Piñon, Zélia Gattai, Ana Maria Machado, Cleonice Berardinelli, Rosiska Darcy de Oliveira e Fernanda Montenegro. E afirma com eloquência: "são estas as Acadêmicas as quais *me filio* com orgulho e a elas pretendo *dar continuidade e reconhecimento*" (grifos nossos). Só após marcar as desigualdades de gênero enraizadas na vida institucional brasileira e de escolher a própria filiação, é que Heloisa passa a falar dos ocupantes da Cadeira 30, seguindo as demais regras do ritual, e se detendo na última ocupante, Nélida Piñon. Gestos importam, e muito. Heloisa sempre soube disso.

---

152 H. Teixeira, "Discurso de posse na ABL", 2023.

5

A VIRADA PERIFÉRICA

ESTÁ POR SER FEITA UMA GENEALOGIA do intelectual brasileiro que, no lugar da idealização do povo, como já se discutiu à exaustão, se espanta com ele. Heloisa Buarque de Hollanda, antes de ser Heloisa Teixeira, passou pelos dois momentos. E de modo muito singular: idealizou o povo nos anos de CPC, se decepcionou com a revolução popular que não veio, mas não se tornou cínica, como discutimos no segundo capítulo. Ela tomou um susto daqueles, um momento de espanto diante do reconhecimento da autonomia do outro. Um momento de descentramento, portanto.

Um aprendizado. Aprendeu a ver e, sobretudo, a escutar, quando as periferias urbanas vinham irrompendo a esfera pública e o debate cultural ainda meio timidamente.

Heloisa se fez parceira deles, e não uma deles. Aliada. Embora adore escutá-los, se faz microfone também, quando necessário. Como vimos, virou Heloisa Teixeira ao entrar na Academia Brasileira de Letras, sobrenome materno, para chegar com as Quebradas "lá". A "mãe" é protagonista central nas periferias. A festa da sua posse foi uma espécie de *back to* "A festa na casa da Helô" no irromper de 1968. Só que, dessa vez, não havia apenas o *mainstream* do "centro" por lá. Onde está mesmo o centro agora?

Discutiremos aqui algumas iniciativas fundamentais de Heloisa, como a curadoria de exposições sobre as periferias, a publicação da coleção Tramas Urbanas pela editora Aeroplano e a Universidade das Quebradas. E para compreendê-las como um repertório de formas que faz sentido na sociedade e na cultura brasileiras, situamos a "virada periférica" de Helô numa série genealógica, a que chamamos do "espanto" do intelectual brasileiro diante da capacidade de agência do "povo".

Compreendemos a genealogia, a partir de Michel Foucault[153] e Silviano Santiago,[154] como uma atividade de investigação que

---

153 M. Foucault, *Arqueologia das ciências e história dos sistemas de pensamentos,* 2000.

154 S. Santiago, *Genealogia da ferocidade,* 2017.

visa fornecer indícios para fatos marginalizados, desvaloriza-dos ou esquecidos pelos procedimentos da história tradicional. O exercício genealógico requer, em poucas palavras, a busca da singularidade dos acontecimentos, sobretudo naquilo que não participa da história, como "os sentimentos, o amor, a consciên-cia, os instintos".[155]

Em nossa genealogia do espanto, lembraremos momentos na vida de alguns intelectuais brasileiro decisivos, em que deixam de lado a idealização do povo – positiva ou negativa – e reconhecem nele a capacidade de fazer a sua história: Joaquim Nabuco, Euclides da Cunha, Mário de Andrade, Darcy Ribeiro e, de certa forma, Florestan Fernandes. É uma forma de colocar a experiência e a contribuição próprias de Heloisa Teixeira em perspectiva, desafiando e conformando o cânone intelectual em tensão e em transformação.

GENEALOGIA DO ESPANTO

"Viemos ao mundo com um grito. E muitas vezes também morremos com um grito. Talvez o grito seja o símbolo mais direto da condição humana."
FRANCIS BACON, 1992

Há uma história que percorre como um fio fino e resistente à sociedade brasileira e que emerge particularmente em momentos de crises agudas. É a história de um grupo muito particular, os intelectuais, em seu encontro com o povo brasileiro, uma categoria genérica e polissêmica. A história brasileira dos intelectuais com o povo é cheia de equívocos. Sobretudo quando os

155 M. Foucault, op. cit., p. 220.

intelectuais, por razões diversas, sentem-se imbuídos de uma missão civilizatória ou querem ser os representantes do povo. Esses equívocos, porém, não são evitáveis; são exigências próprias da sociedade desigual e hierárquica em que vivemos. Mas é possível aprender com eles.

Joaquim Nabuco, por exemplo, diz em *O Abolicionismo*, de 1883, que tinha um "mandato da raça negra":

> O mandato abolicionista é uma dupla delegação, inconsciente da parte dos que a fazem, mas, em ambos os casos, interpretada pelos que a aceitam como um mandato a que não se pode renunciar. ... Os motivos pelos quais essa procuração tácita impõem-nos uma obrigação irrenunciável não são puramente – para muitos não são mesmo principalmente – motivos de humanidade, compaixão e defesa generosa do fraco e do oprimido.[156]

Muito se sabe desde então sobre a dinâmica dos movimentos abolicionistas, nosso primeiro movimento social, como mostra Angela Alonso,[157] que combinaram não apenas táticas, mas também protagonistas e alianças diferentes. Inclusive com lideranças negras, como Luiz Gama ou José do Patrocínio.

Na retórica de Joaquim Nabuco, que, de fato, dedicou sua vida profissional como parlamentar inteiramente à causa abolicionista, seu compromisso nasceu cedo. Como conta no capítulo "Massangana" de *Minha formação*,[158] de 1900, quando ainda era menino, sentado no alpendre da casa da madrinha no engenho, cujo nome dá título ao capítulo, foi abordado por um escravizado fugido da vizinhança. Esse homem implorou que Nabuco pedisse à madrinha que o comprasse, pois ela era conhecida por ser uma senhora moderada e piedosa com seus escravizados.

---

156 J. Nabuco, *O Abolicionismo*, 2010, p. 46-47.

157 A. Alonso, "O abolicionismo como movimento social", in *Novos Estudos Cebrap*, 2014.

158 J. Nabuco, *Minha formação*, 1949.

Pode ser que essa justificativa para sua dedicação ao Abolicionismo tenha sido apenas uma tentativa de recomposição da subjetividade do Nabuco idoso em suas memórias, tentando ligar passado e presente. Verdadeiras ou não, essas justificativas são indícios de um problema muito mais complexo e recorrente na sociedade brasileira, quando lemos os nossos intelectuais também como narradores de si, isto é, como sujeitos que buscam recompor sua subjetividade, em meio aos relatos que se querem objetivos sobre a sociedade brasileira, de acordo com as regras de "objetividade" ou "cientificidade" vigentes em cada época.

São esses momentos de descobertas, quase sempre surgido de um trauma, que gostaríamos de retomar neste momento. Uma espécie de descoberta dos intelectuais do povo ou dos grupos sociais subalternizados na hierarquia social como sujeitos de sua história. Essa descoberta obriga aos intelectuais reverem suas concepções de povo, de sociedade e de si mesmos, além da própria justificativa moral e política, e reavaliarem a tendência a vocalizar os interesses do povo, de guiá-lo, de representá-lo ou mesmo de substituí-lo.

Uma crise aguda se instaura.

Como argumentam Elide Rugai Bastos e André Botelho em "Para uma sociologia dos intelectuais",[159] não basta fazer a crítica da ideia de "missão" a que intelectuais brasileiros de diferentes gerações, ao longo da nossa história, se sentiram investidos. A crítica, mesmo se não proceder, não faz desaparecer o sentimento de missão ou, para colocar em termos mais gerais, de responsabilidade pelos segmentos que em geral têm menos voz na sociedade e são mais desprivilegiados.

A recorrência desse sentimento em diferentes gerações e por meio de diferentes formas é ela mesma o indício de que estamos lidando com problemas históricos e estruturais mais amplos e profundos. Em relação aos quais a vontade, seja a dos

---

159 A. Botelho e E.R. Bastos, "Para uma sociologia dos intelectuais", in *Dados*, 2010.

intelectuais ou a dos seus críticos, não é suficiente para desmontar o problema e sequer explicá-lo de uma vez por todas numa teoria única.

Outro aspecto interessante é que a relação dos intelectuais com o povo, seja ela autoritária ou democrática, não é exatamente um fenômeno universal. A história desse encontro – talvez seja mais pertinente falar em desencontro –, tem sido observada particularmente em sociedades que diríamos periféricas até o passado recente, sociedades que não se formaram como Estados-nações modernos por meio de revoluções burguesas típicas. Tal como ocorrido na Inglaterra, por exemplo, onde a formação das classes sociais e a distinção entre elas torna mais fácil compreender seus interesses e valores, que às vezes são antagônicos, outras vezes convergentes e outras vezes comuns.

Quando dirigia a revista *Ocidente*, o filósofo político Norberto Bobbio surpreendeu-se quando, justamente, o correspondente inglês do periódico devolveu em branco o questionário que Bobbio havia mandado para vários países sobre o papel dos intelectuais. Na Inglaterra não havia intelectuais. Havia especialistas.

Esse raciocínio prevaleceu em análises do fenômeno no Brasil, ao menos como uma expectativa durante os anos de consolidação da institucionalização da universidade e, em especial, da pós-graduação, reconhecidamente uma ilha de excelência em meio a um sistema de ensino em geral deficitário para os mais pobres e marginalizados. Mas, é difícil dizer que o chamado *scholar*, o professor universitário rigorosamente especialista em um assunto, tenha suplantado o intelectual, voltado a causas públicas implicadas também no seu trabalho e assunto.

Ao contrário, assistimos cada vez mais a situações, muito mais diversas, que acabam recolocando o papel do intelectual público: seja o intelectual que emerge dos movimentos sociais com relações indiretas com a academia, seja dos próprios acadêmicos, que não deixam de reafirmar um papel social e mesmo político para si mesmos, ao lado das suas tarefas de especialistas rigorosos. No momento, vemos isso acontecer nas redes sociais, com acadêmicos respeitadíssimos que se tornam também *influencers* sobre questões de gênero, raça, desigualdades sociais, defesa da democracia etc.

No alvorecer da República, nenhum outro intelectual encarnou mais e melhor esse papel do que Euclides da Cunha. Seu espanto com o povo foi enorme. E muito produtivo. Engenheiro militar de formação, Euclides tentou a sorte também como jornalista, e, em 1897, foi designado pelo jornal *O Estado de São Paulo* para cobrir a 4ª Expedição contra Canudos. O jornalismo de guerra, no qual o jornalista assume a posição de testemunha ocular, era atividade nova, assim como a oportunidade de presenciar um evento desse porte e que mexia com a imaginação da população brasileira. Mexeu com a República, que logo transformou um pequeno foco rebelde isolado no sertão nordestino num imenso bode expiatório.

A comunidade de Canudos havia se instalado no interior do estado da Bahia, num local pouco conhecido pelos ilustrados da capital federal carioca. A região, caracterizada por latifúndios improdutivos, secas cíclicas e desemprego crônico, passava por uma grave crise econômica e social. Desenganados, abandonados pelo poder público e pelos grandes proprietários, milhares de sertanejos dirigiam-se para Canudos, uma cidadela liderada pelo peregrino Antônio Conselheiro. O que unia aquelas pessoas era a forte crença na salvação milagrosa que pouparia os humildes habitantes do sertão dos flagelos do clima, assim como da exclusão econômica e social secular. O sertão ia virar mar. E, assim, o arraial cresceu significativamente.

Canudos foi virando uma grande desculpa pronta, suficiente para expiar as culpas da República. Criou-se uma série de rumores, e o mais estridente deles afirmava que Canudos estava se armando para atacar cidades vizinhas e partir em direção à capital. E mais: que pretendiam depor o governo republicano e reinstalar a Monarquia, há pouco derrubada. A notícia não tinha pé nem cabeça, e não havia chance de um grupo de pessoas esquecidas pela República resolver atacá-la. Mas a grita virou geral e o próprio Euclides da Cunha, assinando como Proudhon, um filósofo anarquista francês, atacou a "barbárie" deste movimento, oposto ao regime recém-instituído que representaria a "civilização".

Mas se Euclides viajou cheio de certezas, voltou cheio de dúvidas. Ele presenciou os terríveis massacres empreendidos pela República, que enviou quatro expedições militares contra Canudos, mobilizando cerca de doze mil soldados. As três primeiras expedições foram derrotadas, a última conseguiu destruir o arraial, vitimando cerca de vinte mil sertanejos, além dos cinco mil militares que pereceram nos combates. A guerra terminou com a destruição total de Canudos, a degola de muitos prisioneiros de guerra e o incêndio de todas as casas do arraial. Já Euclides da Cunha perdeu a convicção que carregava consigo quando lá chegou.

Além dos artigos para *O Estado de São Paulo*, ele publicou *Os Sertões* em 1902, livro essencial resultante de sua experiência em Canudos e que teve imensa repercussão por denunciar o verdadeiro massacre empreendido pela República contra parte da população.

A Guerra de Canudos é um evento traumático que alterou as perspectivas de Euclides da Cunha e lhe exigiu um uso inovador e alegórico das categorias de análise que estavam disponíveis. A mera "tradução" da realidade testemunhada pelo autor era uma tarefa difícil; para expressar um evento tão trágico, exigia-se senão um novo repertório, ao menos novos sentidos, para as categorias usuais.

Não faltou a Euclides, assim, a coragem de rever o que já sabia a partir do que descobriu em contato com a realidade trágica e terrível da guerra, expondo as fraturas e ambiguidades da nossa realidade social e do projeto republicano. Não por acaso, foi chamado de o "livro vingador" apenas dois anos após sua publicação, em 1904.

Em chave diferente, em que o sentimento de justiça e de verdade são reconfigurados e até potencializados pela empatia e pelo afetivo e homoerótico, temos o encontro de Mário de Andrade com o cantador de cocos Chico (Francisco Antônio Moreira). Um susto enorme.

Como mostram André Botelho e Maurício Hoelz em *O modernismo como movimento cultural*,[160] Mário de Andrade deixa, talvez, seu maior e mais importante projeto intelectual interrompido e inacabado: *Na pancada do ganzá*. Foi um projeto que pretendia responder às transformações mundiais nas práticas e sensibilidades estético-musicais com grande alcance teórico, de pesquisa sobre a criação popular e busca de uma solução brasileira para a música. Toda a força do projeto interrompido se deixa entrever nos fragmentos que dele restaram. Eles nos dão a dimensão de onde Mário de Andrade teria chegado se tivesse tido condições de levá-lo a cabo como pretendia.

Um "livro de amor", assim Mário se referia ao *Na pancada*, que nasce do seu encontro com o cantador Chico Antônio em sua viagem ao Nordeste, realizada de meados de dezembro de 1928 a meados de março de 1929. O encantamento arrebatador que o coqueiro potiguar exerceria sobre o poeta modernista foi tal que o moveu inteiramente para repensar em profundidade a cultura brasileira.

Mário valoriza, em uma série de artigos sobre a vida de Chico Antônio, o que qualifica como a "poesia surrealista" desse cantador nordestino, o balanceio interno do andamento e o processo inventivo de improvisação pela forma variação, que frequentemente ocorre em diálogos e duelos cantados conhecidos como desafios.

Foi no engenho da família do amigo Antônio Bento de Araújo Lima, em Bom Jardim, em 9 de fevereiro de 1929, que Mário

---

160 A. Botelho e M. Hoelz, *O Modernismo como movimento cultural: Mário de Andrade, um aprendizado*, 2022.

conheceu Chico Antônio, numa "noite inesquecível". O encantamento ganha tons quase epifânicos pelo lápis do cronista, que utilizaria um piano trazido da fazenda vizinha num carro de boi (compondo uma imagem deliciosa e bem brasileira) para tentar grafar suas melodias praticamente insubmissas ao temperamento do teclado:

> Pra tirar o "Boi Tungão", Chico Antônio geralmente se ajoelha. Parece que ele adivinhou o valor artístico e social sublimes dessa melodia que ele mesmo inventou e já está espalhada por toda esta zona de engenhos. Então se ajoelha pra cantá-la.[...] Estou divinizado por uma das comoções mais formidáveis da minha vida. [...] Não sabe que vale uma dúzia de Carusos. Vem da terra, canta por cantar, por uma cachaça, por coisa nenhuma e passa uma noite cantando sem parada. [...] O que faz com o ritmo não se diz! Enquanto três ganzás, único acompanhamento instrumental que aprecia, se movem interminavelmente no compasso unário, na "pancada do ganzá", Chico Antônio vai fraseando com uma força inventiva incomparável, tais sutilezas certas feitas que *a notação erudita nem pense em grafar, se estrepa*. [...] Sem parar. Olhos lindos, relumeando numa luz que não era do mundo mais. Não era desse mundo, mais (grifos nossos).[161]

Ainda que descontado seu superlativismo retórico tão característico, não deixa de nos sarapantar, como gostava de dizer, que um crítico musical *habitué* das temporadas de espetáculos da capital paulista confesse que ouvir Chico Antônio cantar foi "umas das sensações musicais mais fortes" de sua vida. Segundo Mário de Andrade, Chico Antônio se singularizava em relação a outros coqueiros da região até mais afamados que ele, não tanto por sua capacidade de improvisação e de sustentar o desafio na embolada, mas por ser "essencialmente musical" (e não poético, como os demais) e, sobretudo, por seu timbre "firme, sensual,

---

161 M. de Andrade, *O turista aprendiz*, 2015, p. 315.

acalorado por esse jeito nasal de cantar que é uma constância de todo o povo brasileiro."[162]

O amor do intelectual modernista pelo cantador nordestino é parte de uma luta mais ampla para mudar o Brasil. É o desafio de democratização da cultura, de reconhecimento dos sujeitos das culturas populares, de uma sociedade mais plural e de convivências democráticas com as diferenças e de enfrentamento das desigualdades sociais. A própria valorização das culturas populares pode ser revista menos nas chaves usuais de um colecionismo romântico ou diluída no movimento folclórico dos anos 1930 até a década de 1960, e mais como política de reconhecimento.

Afinal, se Mário valorizou a cultura popular, seu interesse não se extingue nas manifestações que colheu, mas antes no reconhecimento social e político que provocou delas e na dignidade e visibilidade que procurou conferir a seus portadores sociais. E, sobretudo, diferente de outras correntes do modernismo, o fato de ter buscado problematizar as fronteiras entre erudito e popular indica que Mário não pensou *apenas* as diversidades culturais ou a diversidade *em si mesma*, mas que também se mostrou atento às suas relações com os processos duradouros de desigualdades sociais na sociedade brasileira.

Embora muitos outros autores e autoras pudessem figurar nesta breve genealogia do espanto com o povo e decorrentes mudanças de perspectivas dos intelectuais brasileiros, nela não poderia faltar Darcy Ribeiro. Como mostra Helena Bomeny,[163] Darcy ampliou em dupla dimensão o esforço de compreensão do Brasil: incorporou definitivamente os povos originários como parte integrante da formação da sociedade, estendendo seu quadro de referência com a vinda dos africanos aqui aportados pela violência da colonização.

162 M. de Andrade, *Os cocos*, 1984, p. 378.

163 H. Bomeny, *Darcy Ribeiro: sociologia de um indisciplinado*, 2001.

O etnólogo de sua geração que talvez mais tenha valorizado e popularizado o papel e os muitos valores das populações ameríndias, Darcy refinou sua teoria do Brasil também com a inserção do país no conjunto dos países da América Latina. Para Darcy, indígenas, pretos e latino-americanos são chaves para compreender a formação do país. Sua interpretação compreende igualmente um sentimento e um compromisso público com o povo brasileiro, de quem fez a defesa e o elogio em inúmeras oportunidades.

Esse sentimento se consolidou definitivamente com o exílio no Uruguai, logo nos primeiros dias de abril em 1964, quando o etnólogo precisou deixar o Brasil, interrompendo por décadas a sua vida política nacional. Entre 1964 e 1976, percorreu e viveu em quatro países latino-americanos – Uruguai, Venezuela, Chile e Peru –, nos quais lecionou antropologia e participou de reformas dos sistemas universitários.

Deixava então Brasília, a nova capital do Brasil, imbuído do protagonismo na construção da Universidade de Brasília (UnB), experimento inovador e cheio de utopia. Utopia pela crença de que a universidade seria a porta de entrada para a civilização que aquele projeto ousado de Juscelino Kubitschek pretendia – autônoma, inventiva, livre e amante do conhecimento mais avançado. Em 1961, com a inauguração da universidade, foi nomeado seu primeiro reitor. Em agosto de 1962 assumiu a chefia do Ministério da Educação do governo João Goulart, compondo o gabinete chefiado pelo então primeiro-ministro Hermes Lima. Em janeiro de 1963, com a reinstauração do regime presidencialista, deixou o ministério e assumiu a chefia do Gabinete Civil da Presidência da República. Voltou ao Brasil definitivamente apenas em 1976 e, com a Lei de Anistia, de 1979, foi reintegrado ao Instituto de Filosofia e Ciências Sociais (IFCS) da Universidade Federal do Rio de Janeiro. Em 1980, com a extinção do bipartidarismo, uniu-se a Leonel Brizola na organização do Partido Democrático Trabalhista (PDT).

O "povo brasileiro",[164] como insistiu em nomear-nos, para realçar traços de comunhão que resistiram à diferenciação crescente na sociedade brasileira, não cansou de surpreender Darcy Ribeiro, desde as populações ameríndias e seus muitos saberes ancestrais até os jovens e crianças excluídos da educação formal, lançados à própria (falta de) sorte nas periferias urbanas e rurais.

E entre as grandes realizações de Darcy para o "povo brasileiro" estão, sem dúvida, os Centros Integrados de Educação Pública (Cieps), criados por ele no Rio de Janeiro durante o primeiro governo de Leonel Brizola (1983-1987), de quem foi secretário de Ciência e Cultura e vice-governador. A proposta curricular dos Cieps visava à educação integral, uma formação que considerava o indivíduo na sua integralidade, de sentimentos, afetos e cognição. Procurava-se também a integração dos conhecimentos, inclusive artes e esportes. Nos amplos edifícios de concreto com grandes janelas retangulares, mas com bordas arredondadas, projetados pelo arquiteto Oscar Niemeyer, crianças passavam o dia das oito da manhã às cinco da tarde, e ainda contavam com consultórios médicos e odontológicos, além de três refeições diárias.

A urgência em relação ao trabalho intelectual e aos projetos públicos tão característica da trajetória de Darcy, talvez venha do trauma do exílio forçado, que interrompeu uma série de realizações capitais na reforma e democratização da educação, mas também pela convivência por cerca de vinte anos com a possibilidade da morte.

Ainda durante exílio, foi diagnosticado com câncer e foi autorizado a voltar ao Brasil para se tratar em 1974. Morreria da mesma doença em 17 de fevereiro de 1997, em Brasília. Antes disso, porém, conseguiu deixar com muito custo o hospital no Rio de Janeiro em que estava internado, e "fugiu" para sua casa

164 D. Ribeiro, *O povo brasileiro: a formação e o sentido do Brasil*, 1995.

de praia em Maricá, na região metropolitana do Rio de Janeiro, a fim de terminar seu livro, um best-seller dos anos 1990, *O povo brasileiro*, lançado em 1995.

O caso de Florestan Fernandes, sociólogo e teórico da sociologia, se impôs desde o início quando começamos a pensar na genealogia do espanto. Seu trabalho é de suma relevância, inclusive por conferir mais matizes e mais complexidade a essa genealogia.

De origem humilde, Florestan contou com certa "proteção" da madrinha (e patroa de sua mãe) na infância para se alfabetizar, e teve que compensar uma educação precária no que hoje chamamos de ensinos fundamental e médio com muita autodisciplina e dedicação, tendo frequentado cursos especiais noturnos voltados para jovens e adultos trabalhadores. Antes de se tornar professor assistente na USP, Florestan trabalhou como engraxate, garçom e representante de laboratório farmacêutico. De certa forma, seriam pessoas com trajetórias parecidas com a sua que se tornariam seu foco de estudo posteriormente.

Decidimos, então, consultar um especialista. Em troca de mensagens por WhatsApp, Antonio Brasil Jr., professor da UFRJ e autor de *Passagens para uma teoria sociológica*, concordou conosco em relação ao fato de que o espanto dos intelectuais emerge das "distâncias abissais" que a sociedade brasileira ergue entre aqueles que tiveram determinada socialização e acesso a recursos que lhes permitiram atuar como "intelectuais" e aqueles que foram privados dessas oportunidades.

No entanto, como pondera Antonio, o espanto de Florestan é muito diferente, porque, ao contrário dos demais casos selecionados,

> [...] ele teve que atravessar a duras penas o "abismo", tornando-se um ser "transclasse" – para dizer ao modo da Annie Ernaux. Nos relatos autobiográficos, ele vai mostrando como foi dolorosa esta passagem, já que acabou deixando no caminho amigos (que não compreendiam o novo mundo a que ele teve acesso) e redefiniu a

relação com a própria mãe, que temia profundamente que o filho se afastasse dela. O mais notável é que Florestan lutou muito, no sentido ético mesmo, para não reproduzir o que seria mais óbvio: sua reconversão para os valores e modos de agir típicos do mundo dos privilégios. Mas esta luta, que por vezes se tornou inglória, não fez desaparecer o que era igualmente óbvio: sua mobilidade social ascendente (meteórica, diria) abria um abismo (não só material, mas mental também) entre ele e os "de baixo".

Ou seja, o espanto de Florestan é fruto do estranhamento dele em relação às duas pontas do processo social (os de cima e os de baixo). "Daí que seja um 'susto' (ou um 'espanto') desencantado até a medula", completa Antonio.

São muito diferentes os nexos de sentido que reconectam os intelectuais e os grupos subalternizados na hierarquia social brasileira em diferentes momentos. Da revolta diante de um massacre ao amor homoerótico. Passando por outras formas de conexão: o espanto diante de saberes ancestrais, da exclusão social, das desigualdades sociais aberrantes.

Em nossa genealogia, a ênfase no susto, em lugar da surpresa, permite qualificar a mudança radical do olhar do intelectual. Mais ainda, faz parte de um processo no qual fatores de naturezas distintas, porém interligados, permitem a descoberta de ângulos desconhecidos.

Não é uma tipologia de intelectuais o que propomos, porém. Como dissemos, tem mais a ver com um "momento" na vida desses (e outros) intelectuais públicos. Muito livremente inspirados pelo clássico de John Pocock sobre Nicolau Maquiavel,[165] queremos ressaltar, sobretudo, a ideia de "tempo da ação política em si mesmo". Que é uma espécie de fundamento para o

---

165 J. Pocock. *The Machiavellian Moment: Florentine Political Thought and The Atlantic Republican Tradition*, 1975.

primeiro sentido de "momento", segundo Pocock, que diz respeito à combinação entre tempo e espaço em que o historiador trata em seu livro: o espaço e o tempo do republicanismo da Florença do Renascimento e suas reverberações nos três séculos seguintes, quando desempenha papel estrutural na constituição do republicanismo inglês e norte-americano.

Na nossa livre inspiração, o "momento do espanto" dos intelectuais públicos brasileiros pode acontecer em diferentes contextos históricos da sociedade, dados os processos sociais que a atravessam, repondo problemas de desigualdades sociais duráveis. Mas tem também uma espécie de fundamento teórico e ético representado, com conteúdos históricos e sentidos políticos diferentes, na percepção de alguns intelectuais da autonomia do povo e das classes subalternizadas diante de suas vontades de aproximação e/ou direção moral e intelectual.

Curioso notar como, talvez não por acaso, cada um dos intelectuais aqui relembrados – embora desfrutem de grande reputação, suas obras sejam muito conhecidas e visitadas há mais de cem anos no Brasil, e integrem o cânone dos intelectuais públicos – foram marcados pela ideia de fracasso em seus projetos mais importantes.

Nenhuma das reformas sociais previstas no panfleto *O Abolicionismo*, de Joaquim Nabuco, como a reforma agrária e a educacional, chegou sequer a ser implementada. A Abolição não foi acompanhada por políticas públicas de inclusão e de reparação histórica, e os dados demográfico-raciais ainda hoje são revoltantes, revelando como os grupos de origem escravizada compõem a imensa maioria de desfavorecidos no país.

Euclides da Cunha morreu antes de ver seu projeto intelectual sobre a Amazônia, pelo qual tinha grande expectativa, acabado. Isso para não falar das desigualdades regionais que permanecem no Nordeste, afetando suas populações sertanejas em especial. Recentemente, aliás, preconceitos históricos contra os nordestinos foram abertamente manifestados em pronunciamentos e políticas públicas do Governo Bolsonaro (2019-2022), como tivemos a tristeza de testemunhar.

O que dizer de Mário de Andrade, cuja luta pela democratização da cultura foi interrompida pela ditadura do Estado Novo (1937-1945), que, a seu modo autoritário, centralizador e populista, trouxe para a esfera pública a questão da cultura brasileira pela qual os modernistas vinham batalhando? No contexto de exceção, de restrição às liberdades civis e políticas, de repressão policial da ditadura Vargas, foram muitos os limites impostos tanto à democratização dos bens culturais quanto à afirmação da cultura como parte de um processo de democratização mais amplo, da sociedade e do Estado. Ao mesmo tempo, criações e conquistas modernistas iam sendo, *pari passu*, apropriadas, transformadas e ressignificadas em clichês e produtos de brasilidade na então nascente indústria cultural.

Uma nova ditadura, a civil-militar de 1964-1985, causaria o fracasso de um dos mais vibrantes e apaixonados intelectuais públicos de todos os tempos, Darcy Ribeiro, deixando em suspenso suas utopias e seus projetos.

E também Florestan Fernandes, que mostrou como ninguém que a sociedade brasileira não tolera muito bem formas democráticas de interação. Como discutiram André Botelho e Antonio Brasil Jr.[166] no prefácio à edição de 2020 de *A Revolução Burguesa no Brasil*, este livro, que já nasceu um clássico, não foi exatamente fácil para os leitores dos anos de 1970. O conceito de "autocracia burguesa" não deixava de ser algo desolador para aqueles seus contemporâneos que buscavam diretamente no livro um meio, digamos, operacional, de combate direto à ditadura civil-militar.

Afinal, Florestan faz neste livro uma distinção heurística crucial que torna a compreensão da realidade social e da transição democrática muito mais complexa e matizada do que,

---

166 A. Botelho e A. Brasil Jr., "A revolução burguesa no Brasil: cosmopolitismo sociológico e autocracia burguesa", in *A revolução burguesa no Brasil: ensaio de interpretação sociológica*, 2020.

talvez, seus leitores estivessem prontos para assimilar. Mostra Florestan que a "democracia" não só constituía uma forma de "exercício" do poder político, em contraposição à ditadura então vigente; mas também dizia respeito às formas sociais de "organização" do poder político.[167] Por isso, forja a ideia de "autocracia" para interpretar o fenômeno da persistência de um princípio ordenador radicalmente antidemocrático mais geral do Estado, da sociedade e do mercado até em momentos formal ou abertamente democráticos.

O fracasso desses intelectuais e seus projetos exigem o redimensionamento de seus legados e, sobretudo, do sentido deles na história brasileira. Os fracassos pessoais são também fracassos do Brasil, de vários Brasis que não foram e poderiam ter sido, mas que ainda pulsam em suas obras, e nos trazem possibilidades de um aprendizado social.

Alguns desses intelectuais perceberam e encontram modos de interação mais permanentes com o *outro*. É certamente o caso de Mário de Andrade e de Heloisa Teixeira. São gestos políticos ligados a um projeto de democratização da cultura na sociedade brasileira a que se entregaram por inteiro, e que têm muito a nos ensinar sobre cultura, reconhecimento e democracia. Mais uma vez, como vimos em capítulos anteriores, eles se reencontram. E entre os trezentos e trezentos e cinquenta de cada um deles, há espaço para o outro, Mário em Heloisa; Heloisa em Mário:

Mário de Andrade e Heloisa Teixeira são quem, em nossa genealogia, definem com maior clareza a importância dos setores subalternos como portadores sociais da visão de mundo sobre sua situação/existência/vida e a visibilidade que lhes confere via cultura. Esse é precisamente o salto alcançado por Heloisa, que abre espaço para ação nessa direção, algo que o contexto social e político de décadas anteriores não permitiu a Mário.

---

167 F. Fernandes, *A revolução Burguesa no Brasil: ensaio de interpretação sociológica*, 2020.

Estamos diante de um movimento cultural que entrelaça gerações, agendas políticas e atores sociais. Nesse sentido, embora não seja o caso de desenvolver o tema aqui, vale levantar a hipótese de que, neste processo, parece haver, apesar dos pesares, uma espécie de aprendizado social das possibilidades da cultura mesmo em situações limites contra a liberdade, como as ditaduras políticas. A lição de Alceu Amoroso Lima para Heloisa na graduação, seu estudo de Mário de Andrade, companheiro de vida intelectual, sua tese de doutorado tão ousada sobre a sua geração e a necessidade de fazê-la deixar o novo nascer, sua luta feminista e, como veremos agora, sua virada epistemológica periférica são estações dessa Paixão.

NO CENTRO, AS PERIFERIAS

Em meados dos anos de 1990, começaram a surgir fortes sinais de que as culturas das periferias urbanas viriam a expandir nos anos seguintes. E a expansão continua. Embora o seu salto não tenha sido num vazio, ou seja, que a vitalidade cultural da periferia não possa ser considerada exatamente uma novidade da década de 1990, ela aparece com tal força afirmativa que atinge uma visibilidade até então desconhecida. Sobre isso, Heloisa Teixeira observa:

> O *hip-hop*, uma das mais fortes tendências do que podemos chamar de cultura de elite da periferia, traz uma nova interface para as práticas culturais, como a politização da arte, a construção de um novo artista cidadão, e, principalmente, o entendimento da cultura como *recurso*. Ou seja, um novo perfil para a noção de função social da arte e da literatura.[168]

---

168 H.B. de Hollanda, *Escolhas: uma autobiografia intelectual*, 2009, p. 153.

Por trás do reconhecimento do hip-hop como uma das grandes tendências da cultura da periferia, há uma questão que tem percorrido a trajetória e a obra de Heloisa desde os anos 1970: o que é, afinal, literatura? A recolocação da pergunta não é retórica. Ela marca tanto o caráter instável da literatura, quanto o seu reposicionamento no campo da cultura quando novos atores chegam, desafiam as certezas e multiplicam as respostas possíveis.

Assinalemos desde já o espanto de Heloisa com esse universo (literalmente) e seu lugar na genealogia do espanto que estamos traçando em linhas tortas e muito gerais. Em inúmeras narrativas de si produzidas desde então, Helô tem observado o deslocamento radical que a experiência com as culturas periféricas provocou nela e no modo como ela própria pensava seu papel social e suas práticas como intelectual pública. Em *Escolhas*, suas palavras são diretas:

> O que está agora em jogo é a construção da legitimidade e da visibilidade do intelectual e do artista da periferia. O papel tradicional de mediadores com o qual os intelectuais se investiram, desde o século XIX, perde sua suposta eficácia e valor políticos. [169]

Ela fala ainda em "operações-tentativas" a que se lançou para encontrar seu lugar como "sujeito desse trabalho" junto com as periferias negras. Observou muito, ouviu muito e se fez presente nos eventos e debates nos mais diferentes lugares, nos morros cariocas, na Baixada Fluminense, nas Quebradas, enfim. Foram, sobretudo, muitas e muitas leituras sobre favelas, questão racial, geopolítica da violência, raízes e as lógicas do processo de construção da noção de cidadania, de democracia etc. E assim foi descobrindo que o seu papel como "mediadora" e "articuladora" de saberes e demandas sociais e políticas também estava ficando defasado.

169 Ibid., p. 154.

Até seu instrumento de intervenção cultural mais recorrente e "querido", a organização de antologias, também perdera lugar: "Para meu desespero, descobri ainda várias antologias de literatura da periferia feita na e para as comunidades de origem de seus autores."[170] Essa descoberta, aliás, foi registrada já no início dos anos 1980, quando Heloisa comenta em pelo menos dois artigos no *Jornal do Brasil* a existência das antologias de jovens poetas da periferia carioca que produziam, em suas palavras, uma poesia popular "para ser lida e ouvida". Certamente um baita susto. O primeiro de muitos que ainda viriam nos anos posteriores.[171]

O começo da virada periférica da Helô parece ter sido o seminário internacional "Sinais de Turbulência", realizado em dezembro de 1994 em parceria com a Rede Interamericana de Estudos Culturais, como já comentamos de passagem no terceiro capítulo. O objetivo deste seminário era discutir as transformações culturais, sociais e políticas que estavam ocorrendo no Brasil e no mundo no início da década de 1990. O evento reuniu no Rio de Janeiro acadêmicos, artistas, ativistas e profissionais de diversas áreas para debater temas como a globalização, as transformações culturais e o impacto das novas mídias na sociedade. A periferia já estava presente aí. Conta Heloisa numa entrevista:

> Para esse seminário, montei mesas improváveis. Tinha uma mesa, por exemplo, com o DJ Marlboro falando com a famosa professora da Universidade de Nova York, Tricia Rose, especialista em performance. Veio o José Júnior, que ainda não tinha o Afroreggae. Foi logo depois do massacre da Candelária e o de Vigário Geral, que foi quando os intelectuais começaram a subir o morro: Zuenir Ventura, Regina Casé, Caetano Veloso, Waly Salomão. Começou a se reviver esse contato, que era raro, mas que tinha sido um carro chefe nos CPCs nos anos 1960. Essa relação voltou com formatos

170 Ibid., p. 155.
171 H. Teixeira, "Depois do poemão", in *Helô no Jornal do Brasil (1980-2005)*, 2024, p. 12.

bem diversos em função da progressiva autonomia que os artistas da periferia iam ganhando. Artistas que começaram uma proatividade interessante criando soluções culturais. Foi bem bacana esse momento. [172]

Mas apenas na aparência os anos 1960 poderiam ser revividos trinta anos depois. Aproximando-se das periferias urbanas, Heloisa logo descobriu que era outra a postura exigida perante elas e por elas. Não dava mais para "ensinar" coisas e causas como nos anos 1960, quando a aproximação com a favela era feita de forma pedagógica:

> Hoje, você vai para lá e eles sabem exatamente o que querem. São poliglotas, falam a língua da mídia, a língua do mercado, a língua do Estado e a língua local, o seu CEP, como eles dizem. O CEP é o miniterritório, é menos que um bairro. Pensei tanto nisso, estudei tanto isso. Descobri que a melhor forma para esse encontro não era mais pedagógica, mas em termos de parceria.[173]

Além do seminário mencionado, outro passo importante na "virada periférica" da Helô foram seus estudos sobre a cultura digital. Seria necessário escrever um livro apenas sobre o impacto do digital em sua percepção sobre literatura, cultura e autoria, problemas a que, como crítica, sempre esteve ligada. E, especialmente, como o digital e a periferia passam a caminhar em alguma medida juntos, batendo forte, fortíssimo, no seu pensamento e trajetória intelectual, provocando seu enorme espanto. Podemos mencionar dois textos que registram, ainda que de passagem, as primeiras impressões de Heloisa com o mundo digital e as possibilidades que ele traria para novas autorias.

Um deles é a introdução de *Esses poetas: uma antologia dos anos 90*, livro publicado em 1998 ao lado da reedição de

---

172 H.B. de Hollanda, Entrevista, in *Onde é que eu estou? Heloisa Buarque de Hollanda 8.0*, 2019, p. 28.

173 Ibid., p. 28-29.

26 poetas hoje, inaugurando o catálogo da Aeroplano, editora criada por Heloisa Teixeira, seu filho Lula Buarque de Hollanda, Ruy Campos e Lúcia Lambert. A nova antologia, explosiva como a de 1976, reúne poetas que começaram a escrever nos anos 1990. Não é uma amostra de tudo o que estava sendo produzido naqueles anos, mas é plural o suficiente para apresentar uma variedade de linguagens, um emaranhado de formas, estilos e temáticas em jogo e em disputa naquela década.

Em sua seleção, Heloisa não ignora nem a presença feminina na cena literária, nem a poesia negra que emergia de modo vibrante nas periferias. E aproveita a introdução para afirmar que o ambiente da internet, que já abrigava boa parte da poesia negra, da poesia de mulheres negras, de grupos jovens como o Manguebeat, de poetas ligados ao MST etc., ampliaria ainda mais a circulação da produção das minorias. Diz ela:

> [...] essas vozes, liberadas do compromisso com os critérios tradicionais de qualidade literária, interagem confortavelmente no ambiente virtual e democratizado da internet, colocando-se muitas vezes lado a lado com os movimentos sociais.[174]

Em outro texto, publicado em 1999 no *Jornal do Brasil*, Heloisa discute mais diretamente a vida literária no ambiente digital. Enquanto muitos especialistas afirmavam a possível substituição do livro com a chegada da internet, ela se interessa pelas múltiplas práticas literárias que estariam proliferando nesse novo espaço. No caso da poesia, observa que não era a poesia canônica que predominava nas páginas da internet, apesar de haver uma ou outra dedicada a Carlos Drummond de Andrade, Manuel Bandeira, Ferreira Gullar etc., mas sim uma poesia independente, de autorias até então desconhecidas, que utilizavam esse espaço na web como "canal de divulgação" – Helô cita,

---

174 H.B. de Hollanda, "Introdução", in *Esses poetas: uma antologia dos anos 90*, 1998, p. 9.

mais especificamente, um grupo da periferia carioca, o Caox, que procurava "um lugar ao sol". Com algumas esperanças para o novo milênio, observa:

> A Web parece se oferecer como o espaço ideal para a amplificação das denúncias de desigualdades e afirmação de identidades contra--hegemônicas como no caso da poesia negra, da contestação ruidosa dos funkeiros e rappers, dos erótico-engajados, ou do notável número de sites de poesia lésbica, um vigor que não encontra, nem de longe, a correspondência da cena poética brasileira *off-line*.[175]

Ela própria se aventurou na experimentação das possibilidades do digital, criando em 2003 o Portal Literal, em parceria com a Conspiração Filmes, empresa dos seus filhos. Durante os anos de existência do Portal Literal, que foi encerrado em 2015, ela explorou novos formatos de textos e de entrevistas, efeitos gráficos, assim como novos suportes de mídias que surgiam a todo instante, procurando construir na internet um espaço de discussão sobre a produção literária brasileira.

Ao mesmo tempo em que explorava as possibilidades do digital no Portal Literal, Heloisa procurava entender teoricamente as relações entre cultura e tecnologia. Na UFRJ, mais precisamente no Programa Avançado de Cultura Contemporânea (PACC), ela organizou vários encontros para discutir cultura e mundo digital, como, por exemplo, os encontros "Cultura além do digital", organizado em 2006, e o "Cultura 2.0", que ocorreu em 2009, ambos reunindo vários especialistas para debater as novas formas de produção, do consumo de conteúdo e das implicações das tecnologias digitais na criação artística.

Também no ano de 2009, Heloisa lançou sua primeira antologia digital, a *ENTER*, que foi pensada como um livro virtual

---

175 H. Teixeira, "A vida literária na web", in *Helô no Jornal do Brasil (1980-2005)*, 2024, p. 162.

que poderia ser transformado pelo autor/organizador ao longo do tempo. Viciada em antologias, ela reuniu a produção textual e audiovisual de 37 autorias – poetas, cordelistas, *rappers,* quadrinistas etc. – que já vinham divulgando suas produções na internet. Na apresentação, ela assume seu fascínio pelo digital:

> [...] ainda que respeitando e admirando a literatura em seu sentido mais tradicional, não pude ficar imune à evidente *expansão da palavra e da multiplicidade de usos e experimentações com a palavra que crescem hoje em proporção geométrica.* Considerei então como matéria de exame, todas as formas de literatura praticada na web, muitas vezes excessiva e desigual, mas sempre a expressão de uma geração comprometida com a criação compartilhada, com a velocidade dos posts e com a expansão das fronteiras da palavra. Considerei a palavra escrita, a palavra contemplada, a palavra de ouvido, a palavra cantada (grifos nossos).[176]

Com a multiplicidade de formas reunidas na *ENTER* – poemas escritos, desenhados, performados, musicados –, vemos mais uma vez Heloisa tensionando de modo decisivo as noções mais estáveis de literário, pensando sobre a "expansão da palavra" e explorando novos gêneros textuais.

Para ilustrar como digital e periferia caminharam lado a lado no espanto de Heloisa, que parece aumentar nos anos 2000, vale lembrar que, em 2005, ainda tateando os novos caminhos, mas cada vez mais apaixonada e relacionada com as periferias, ela montou a exposição "Estética da periferia" num espaço cultural nobre no centro do Rio de Janeiro, o Espaço Cultural dos Correios. Com seu parceiro de longa data, Gringo Cardia, a exposição foi, da concepção à concretização, uma espécie de exercício compartilhado de aprendizado social. A metodologia da pesquisa consistiu em convidar estudantes e jovens da periferia,

---

176 H. B. de Hollanda, "Apresentação", in *ENTER – Antologia digital,* 2009.

após um breve treinamento com Gringo, para fazerem a coleta do que eles próprios julgavam ser representativos de uma estética da periferia. Essa prática conheceu desdobramentos e hoje tem bastante visibilidade no mundo das artes, mas estava longe de ser uma rotina no início deste século. As sugestões foram muitas, o material recolhido era muito significativo. As escolhas foram feitas numa curadoria coletiva. Até o catálogo da exposição também teve seu diferencial, num formato de revista, contendo depoimentos de intelectuais, artistas, artesãos. Como lembra Helô em *Escolhas*:

> [...] era de uma beleza absurda. A abertura contou com uma grande afluência de público, com a presença substantiva das favelas e comunidades, acompanhada de shows e apresentações de dança. Parecia que o Rio de Janeiro havia se unido num grande e utópico ritual estético.[177]

Passagens. Mais uma vez, lá está Heloisa promovendo um "grande e utópico ritual". Ainda assim, confessa ela, muito mais tempo e trabalho foram necessários para que se sentisse mais à vontade para aperfeiçoar metodologias e aprender com os resultados que, a princípio, traziam algum desconforto:

> No fundo, eu esperava a visão cepecista das favelas: uma arte popular, um panorama de miséria cinzenta ao fundo. E o que via ali eram sons, cores e formas explodindo, eram manequins sensuais com calças Gang, grafites prontos para serem comprados por *marchands* e o design sofisticado de móveis e brinquedos. Eu não conseguia identificar minhas mais sólidas referências naquele quadro.[178]

---

177 H.B. de Hollanda, *Escolhas: uma autobiografia intelectual*, 2009, p. 156-157.
178 Ibid., p. 157.

Mais do que algum conforto, ao consultar os livros de visita da exposição, encontrou muitos comentários entusiastas porque a exposição "não havia 'assumido visões estereotipadas da periferia e por ter captado sua imagem com precisão'".

Ela seguiu em frente. Dois anos depois, repetiram a ideia em Recife, numa nova exposição chamada "Estética da periferia: diálogos urgentes", realizada no Museu de Arte Moderna Aloisio Magalhães, o mais nobre espaço cultural da cidade. Muitas exposições se seguiram: "Blooks: tribos e letras na rede", exibida em 2008 no Oi Futuro, no Rio de Janeiro, e no Sesc Pinheiros em 2009, em São Paulo; em 2011, a exposição "periferia.com", na Escola de Artes Visuais do Parque Lage e na Biblioteca de Manguinhos, no Rio de Janeiro. Enfim, foram muitas as curadorias.

Era também a própria Heloisa que precisava aceitar os resultados do seu trabalho e aprender a aprender mais com eles. Em 2012, cria com Écio Salles, Julio Ludemir e Luiz Eduardo Soares, a Festa Literária das Periferias (Flup). Uma festa literária internacional que acontece em territórios tradicionalmente excluídos dos programas literários na cidade do Rio de Janeiro. Já passaram pelo Morro dos Prazeres, Vigário Geral, Mangueira, Babilônia, Vidigal, até chegarem ao centro da cidade, abraçando a região que o sambista Heitor dos Prazeres batizou de "Pequena África". Também houve edições na Biblioteca Parque Estadual e no Museu de Arte do Rio de Janeiro. Em 12 edições realizadas até o momento, a Flup ganhou alguns prêmios importantes, como o Faz Diferença, de 2012, o Awards Excellence, de 2016, o Retratos da Leitura, de 2016, e o Prêmio Jabuti na categoria Fomento à Leitura.

A Flup se diferencia ainda por ser um espaço de formação. E por premiar talentos emergentes da literatura marginal, incentivando a produção literária nas periferias e contribuindo para o fortalecimento da identidade cultural e da expressão artística das comunidades.

"Ler é poder", sintetiza Heloisa em *Escolhas*, ao destacar o poder simbólico nas culturas periféricas, de natureza diversa daquele da cultura de classe média. Diz ela:

> Se nos anos 1970 os poetas procuravam uma aproximação entre arte e vida e nos 1980, a literatura, de alguma forma, se culturalizou, para os novos escritores-cidadãos, o livro se articula de forma direta com as demandas de voz, representação e poder. *Ler é Poder*, é a bandeira dos movimentos de formação de leitores, compromisso maior dos poetas e ficcionistas periféricos.[179]

Sabendo disso, Heloisa usou sua editora, a Aeroplano, para alçar voos mais altos e turbulentos. Publicou autorias e temas emergentes que ainda não dispunham de canais para alcançarem o público, especialmente canais de visibilidade e prestígio institucional à altura do que estavam fazendo. A Aeroplano, na verdade, desempenhou papéis importantes na ampliação do debate sobre minorias no Brasil como um todo; lembremos, apenas para mencionar um exemplo emblemático, de *O homem que amava rapazes e outros ensaios*, publicado em 2002, de Denilson Lopes, pioneiro nos estudos gays entre nós.

Das muitas publicações feitas pela Aeroplano, queremos destacar em especial a coleção Tramas Urbanas. Foi um espaço fundamental de afirmação das chamadas literaturas periféricas, na divulgação dos novos escritores, das novas escritas, de novas autorias, novas literaturas e outras linguagens estéticas e políticas. Mais do que isso, a coleção foi um modo de capturar num relance o contemporâneo, que, como mostra Giorgio Agamben,[180] é o traduzido e assimilado à distância, no futuro. A coleção foi, assim, um modo de abrir e treinar "ouvidos" para vozes que gritam hoje, especialmente, de emissores e protagonistas que não habitavam o centro – geográfico, político, cultural.

179 Ibid., p. 153-154.

180 G. Agamben, *O que é o contemporâneo?*, 2009.

Curadora da coleção, Heloisa atuou muitas vezes também como coorganizadora de alguns de seus títulos, além do intenso trabalho de prospecção de autoras, autores e temas pelas periferias por onde passou a ser presença assídua. A coleção começou em 2007 e foi até 2013. E teve início com um livro de Écio Salles, da Flup. *Poesia revoltada* (2007) nasce como referência para o rap. Inicialmente uma pesquisa de mestrado baseada no rap de artistas de três cidades – MV Bill, do Rio de Janeiro, Racionais MCs, de São Paulo, e Gog, de Brasília –, o livro propõe uma nova visão sobre essa forma de expressão poética que emerge das periferias brasileiras: o rap é pensado como quebra do discurso hegemônico e como fundador de um novo capítulo para a cultura brasileira.

Daí em diante a coleção publicou pouco mais de trinta títulos. Hip-hop, tecnobrega, rap, funk entre outras expressões musicais são destaque. Uma das obras é *Hip-hop: dentro do movimento*, organizado por Alessandro Buzo e lançada em 2010, a qual reúne visões do próprio organizador sobre o movimento do hip-hop, além de entrevistas conduzidas por ele de Dexter, Celso Athayde, Jéssica Balbino, Dudu de Morro Agudo, Re.Fem, Alexandre de Maio, Nelson Triunfo, Dário, entre outros, e depoimentos de Gerson King Combo, Negra Li, Fernando Bonassi e Paula Lima.

Ou ainda, por exemplo, *101 funks que você tem que ouvir antes de morrer* (2013), de Julio Ludemir, que conta a história do baile funk, história resgatada por 101 músicas que marcaram a trajetória da principal manifestação cultural do Rio de Janeiro. A narrativa começa pelos sucessos do primeiro LP, passa pelo Miami bass até chegar ao passinho, discorre sobre as letras e chega, finalmente, nas tão comentadas e repetidas coreografias.

Coletivos, memórias e histórias de vida de lideranças comunitárias renderam ótimos títulos na Aeroplano. Como *O cerol fininho da Baixada: Histórias do cineclube Mate com Angu* (2013), de Heraldo Bezerra, Heraldo HB (autor), que conta a história do cineclube Mate Com Angu e de seus desdobramentos na reconstrução da autoestima da cidade de Duque de Caxias e da Baixada Fluminense através da cultura audiovisual com suas sessões populares e suas reflexões pulsantes.

Ou ainda o superimportante *Testemunhos da Maré* (2012), de Eliana Sousa Silva, originalmente sua tese de doutorado em serviço social que combina análise sociológica com o testemunho pessoal de alguém atingido pela violência. Eliana, que se mudou para a Maré aos sete anos, foi presidente da associação de moradores de Nova Holanda, fundou algumas organizações e hoje coordena a Redes Maré. É ainda um trabalho revelador sobre a história das políticas de segurança nas favelas desses últimos tempos, que traz dados atualizados e a sua experiência cotidiana de moradora e ativista da comunidade.

Estéticas das periferias, literaturas periféricas, entre outras linguagens artísticas estão bem representadas na coleção Tramas Urbanas também. *Daspu: a moda sem vergonha* (2008), do jornalista Flavio Lenz, trata da moda de rua, "para puta e para perua". Por meio de relatos bem-humorados, o autor conta a inusitada história da grife criada pela ONG de defesa dos direitos das prostitutas, Davida, com a intenção de, por meio da moda, criticar a visão estereotipada das prostitutas e dar visibilidade ao movimento da categoria.

Ou ainda, *Vozes marginais na literatura* (2009), de Érica Peçanha do Nascimento, que "ouve e decodifica" o grito periférico por meio da análise das edições especiais da revista *Caros Amigos / Literatura Marginal* e das carreiras de três escritores: Sérgio Vaz, Ferréz e Sacolinha. Ou, entre outros mais, *Meu destino era o Nós do Morro* (2010), de Luciana Bezerra, que conta a trajetória do grupo Nós do Morro, pela ótica da autora, sua coordenadora de audiovisual.

Embora o grande salto da coleção Tramas Urbanas seja não apenas promover temas e autores/as das periferias, mas trazê-los/as como protagonistas do contemporâneo, como dissemos antes, ela também torna difusas as fronteiras entre expressão e reflexão cultural. Todas as manifestações são tomadas em sua radicalidade de linguagem, envolvendo estética, política e conhecimento. Essa componente híbrida e desafiadora do *status quo* na cultura e da cultura na sociedade está presente de uma forma ou de outras, senão em todos, na maioria dos títulos e reflete, em parte, os interesses da própria curadora, Heloisa.

Mas as periferias como formas de conhecimento – epistemologias periféricas – ganham também o primeiro plano de alguns de seus melhores títulos. É o caso de *Guia afetivo da periferia* (2009), de Marcus Vinicius Faustini que, ao evocar seu estado de deslumbramento, evidente no modo como mapeia a cidade do Rio de Janeiro, de Santa Cruz a Ipanema, com pés de office boy e olhos e imaginação de *flâneur,* traz à tona experiências e aprendizados sociais de um grupo, de um lugar, de um tempo – mas, eis o segredo do seu livro: cruzando tudo isso!

Na mesma direção, *Pedagoginga, autonomia e mocambagem* (2013), de Allan da Rosa, discute a implementação do ensino de história e de cultura de matriz afro e o sonho de um movimento de educação popular autônoma na periferia de São Paulo no começo do século XXI. Uma nova proposta pedagógica, que envolve autonomia dos alunos e compromisso com a cultura afro-brasileira, se desenha a partir de relatos e reflexões sobre uma prática de três anos em Educação Popular, de 2009 a 2012.

UNIVERSIDADE DAS QUEBRADAS

O mesmo tipo de preocupação que deu origem à Tramas Urbanas tem orientado as atividades da Universidade das Quebradas (UQ). A UQ é um marco decisivo da consolidação da virada periférica de Heloisa Teixeira, inclusive com a experimentação de novas metodologias de aprendizagem-aprendizagem, substituindo a abordagem pedagógica tradicional por ela própria experimentada nos anos de CPC (ensino-aprendizagem) de "coisas e causas". Por certo, esse reposicionamento da postura "pedagógica" do CPC ao trabalho com as periferias, ou melhor, a passagem da "pedagogia" à "parceria", nos termos da autora, merece ser problematizado.

Até porque o uso do adjetivo "pedagógico" como sinônimo de "paternalista" pode ocultar a diversidade (e as desigualdades) entre as estratégias pedagógicas que se oferecem ao educador na sua atuação social. A escolha entre essas estratégias é que vai definir diferentes perfis de educadores, alguns mais conservadores, outros menos. Assim, temos que responder questões como: o que é essa "parceria" de que ela fala? Quais são as condições de possibilidade da subversão das formas de produção de valor simbólico, e de emersão de sujeitos históricos e cognitivos, que existem nela? O que cada um ganha e perde ali, ou seja, quais são os termos da partilha?

A Universidade das Quebradas foi fundada em 2009 por Heloisa e pela psicanalista Numa Ciro como um projeto de extensão do PACC. Como já vimos, o PACC foi criado em 1994 como uma continuidade do CIEC, e passou anos como uma experiência de pesquisa avançada recebendo doutoras e doutores de várias áreas (literatura, comunicação, ciências sociais e artes), de diferentes estados brasileiros e também de diferentes países da América Latina para realizarem seus pós-doutorados. A partir de 2024, o programa se reestruturou como um fórum de pesquisa avançada voltado para diferentes segmentos universitários, estudantes universitários, pós-graduandos e mesmo de pessoas de fora da universidade. Como se diz sobre a natureza, também nas instituições – ao menos as forjadas por Helô Teixeira – nada se perde, tudo se transforma.

O próprio surgimento da Universidade das Quebradas está imbricado com outros projetos. Especialmente, com o Projeto Colisões, realizado em 2009 em colaboração com a Secretaria

Municipal de Cultura e Turismo de Nova Iguaçu. O objetivo deste projeto foi o de promover o encontro de artistas deste município da Baixada Fluminense com artistas do mundo, de modo a fomentar a produção artística e cultural local – mormente da música, artes cênicas, artes visuais, literatura, audiovisual e cultura popular. A potencialização do trabalho dos principais grupos e entidades locais permitiu ainda a dinamização do Espaço Cultural Sylvio Monteiro e de outros espaços conveniados ou assistidos pela Prefeitura de Nova Iguaçu.

O nome do projeto não é aleatório. A ideia de colocar em relação envolve até mesmo o enfrentamento, a colisão entre professores, artistas e produtores culturais das periferias. Em seus primeiros anos, a Universidade das Quebradas buscou radicalizar e aperfeiçoar essa dimensão do encontro e da conversa entre círculos sociais distintos. Num primeiro momento, concebida formalmente como extensão universitária, a UQ colocou *em diálogo* a universidade e a periferia. Mas nunca se tratou de extensão universitária no sentido tradicional – voltada para uma difusão autocentrada da cultura acadêmica para aqueles que estão fora da universidade.

Na verdade, definir "dentro" e "fora" enquanto a UQ esteve na UFRJ parece ter sido sempre uma questão complexa. Afinal, a iniciativa de Heloisa Teixeira, longamente experimentada nas políticas de extensão universitárias que sempre buscou aliar à inovação do conhecimento, coincide com o incremento até hoje jamais visto nas políticas públicas de educação superior, com a adoção das formas de ingresso via políticas de cotas raciais e do Sistema de Seleção Unificada (Sisu). Somente com o primeiro Governo Lula (2003-2006) e, em especial, com a pasta da educação nas mãos de Fernando Haddad, as coisas começaram a mudar. E a mudar muito. Em um ritmo novo, com um novo sentido, culminado com o Programa de Apoio a Planos de Reestruturação e Expansão das Universidades Federais (Reuni), que ampliou o acesso e a permanência na educação superior.

Nesse sentido, os novos ingressantes na universidade, a maioria sendo a primeira geração de suas famílias a acessar o ensino superior, especialmente o público, encontraram – e ainda encontram – muitas dificuldades de identificação com uma estrutura e rotina que não foi pensada, necessariamente, para eles. Era comum que ingressantes da própria UFRJ naqueles anos buscarem a UQ, porque nela se sentiam representados, reconhecidos em suas diferenças e desigualdades. Então, a própria ideia tradicional de extensão universitária já estava, desde o início, comprometida.

Não apenas a conjuntura política contou para isso, como estamos acompanhando neste livro. Há muitas décadas Heloisa vinha formulando, experimentando e testando novas formas de comunicação entre conhecimentos acadêmicos e outros saberes, antes mesmo de se aproximar das culturas urbanas periféricas. Temas comuns da agenda dos estudos culturais, como gênero, etnicidade e movimentos sociais, especialmente os feministas e negros, ganham, em suas atividades, novos desenhos e, sobretudo, um sentido democratizante da maior relevância.

Por que democratizante? Simples, porque tem implicado na própria ampliação do campo da cultura, no reconhecimento e na autocompreensão dos atores culturais envolvidos. Impõe-se aqui um paralelo com Raymond Williams[181] e Stuart Hall,[182] que sempre pensaram os estudos culturais também como meios de transformação social, como aprendemos com os seus projetos de educação para adultos e de cultura para todos.

A Universidade das Quebradas sempre procurou promover, em mão dupla, uma reorganização e ampliação contundente do próprio campo da cultura, reconhecendo e estimulando irritações mútuas entre universidade e as quebradas. Como se lê num dos seus documentos:

181 R. Williams, *Culture and Society*, 1958.
182 S. Hall, "Cultural Studies: Two Paradigms", in *Media, Culture & Society*, 1980.

Este projeto pretende ser de duas vias: assim como as comunidades que estão produzindo cultura, mas não têm acesso à produção intelectual das Universidades, também a comunidade acadêmica denuncia carência similar em relação ao acesso a outros saberes e formações culturais fora da Universidade.

Já que se trata de transformar a relação, e não apenas um dos polos por ela ligados, a UQ está, necessariamente, em permanente mutação. Programas, conteúdo, metodologias, público-alvo, recrutamento, tudo isso tem sido dinâmico ao longo dos anos. Uma novidade trazida em 2011, por exemplo, foi o Território das Quebradas. Um espaço em que os participantes podem vocalizar o que do conteúdo programático proposto faz mais ou menos sentido, colocando em tensão visões e expectativas dos responsáveis, monitores e "quebradeiros". Assim, outra reorientação sofrida pelo projeto é a própria ampliação do público.

Nas edições de 2011 e de 2012, além do curso matriz, ministrado nas dependências do PACC, a UQ também circulou pela cidade do Rio de Janeiro em polos itinerantes: Biblioteca Parque de Manguinhos, em 2011, e Biblioteca Parque da Rocinha, em 2012.

Hoje, o modelo da UQ já começa a ser adotado em diferentes universidades brasileiras. Em 2021 surgiu a UQ Potiguar, realizado por Jussara Santos, quebradeira do curso de 2011, junto ao Núcleo de Arte e Cultura da Universidade Federal do Rio Grande do Norte. Neste ano de 2024, quando fechamos este livro, a UQ está acontecendo, também, em Belém, na Universidade Federal do Pará.

Em 2019, comemorando a sua primeira década de vida, a UQ discutiu a construção dos direitos no Brasil e funcionou, no primeiro semestre, no Instituto de Filosofia e Ciências Sociais (IFCS) da UFRJ, sob a coordenação de André Botelho. André participou de várias edições da UQ, numa delas, com Antonio Brasil, Lucas Carvalho e Maurício Hoelz, ministrando um curso de teoria do reconhecimento, discutindo textos de Axel Honneth e retomando problemas da ação comunicativa de Jürgen Habermas. Barra pesadíssima. Confrontos. Questionamentos. Aprendizados. Foi explosivo. Maravilhoso.

Em 2022 a temática foi "Arte preta: Filosofia, História e Curadoria". Além disso, neste ano também surge o UQ+DOC, misto de curso de extensão e oficina, iniciativa do Laboratório de Tecnologias Sociais Universidade das Quebradas, em parceria com a Escola do Olhar do Museu de Arte do Rio (MAR). O curso/ oficina foi uma atividade prevista no projeto Cinema Popular.

Em 2024, o tema volta a ser um escritor, Machado de Assis. Sua obra está sendo pensada em articulação com a questão racial no Brasil. E o curso está sendo realizado em parceria com a Festa Literária das Periferias (Flup), o Instituto Odeon e a Academia Brasileira de Letras (ABL), onde está sendo ministrado. As quebradas chegam à ABL e querem transformar Machado de Assis.

Nessas experiências, certezas triunfalistas da ciência e absolutas da ideologia saem de cena, dando lugar ao compartilhamento de problemas e dúvidas sob pontos de vistas múltiplos. Se não se trata mais de uns ensinarem e outros aprenderem, no sentido tradicional de uma difusão do conhecimento universitário, e sim de um experimento pedagógico de produção de conhecimento compartilhado, o sentimento da igualdade avança sobre o da hierarquia.

A Universidade das Quebradas é, assim, um laboratório de inovação na produção de conhecimento cultural, e, sobretudo, de reconhecimentos sociais não apenas de um "outro que aprende" em relação a um "eu que ensina" (e vice-versa), mas também de um "nós" nas diferentes interações em que nos vemos cotidianamente. É justamente esse tipo de ampliação do campo da cultura e de reconhecimentos que permite também o aprendizado do descentramento das identidades.

Aprendizado penoso, por certo polêmico, embora muito necessário se quisermos reinventar modos de convivência e de conflitos mais democráticos.

UMA PRAGMÁTICA DA RELAÇÃO

Não queremos aparar arestas e muito menos fazer toda uma vida escoar com força para um único ponto convergente. Desconfiamos, porém, que perpassando toda a trajetória intelectual e o pensamento de Heloisa Teixeira em torno da questão da democratização da cultura, tal como viemos reconstituindo até aqui, o enfrentamento do problema da alteridade é crucial.

Um gesto relacional permanente e o desafio sempre reposicionado, a cada nova conjuntura diferente, de buscar uma comunicação minimamente exitosa com o "outro". Mesmo Heloisa sabendo que isso é quase sempre bastante improvável. Mas, como também vimos, o fascínio pelo outro leva sempre igualmente a uma reflexão sobre si própria. O que, no caso da Helô, aparece sempre como um espanto.

Ao mesmo tempo, esse gesto constitui uma pragmática da relação. Em parte, decorrente de um senso de urgência muito, muito aguçado sobre os problemas da cultura da sociedade brasileira. O que é excepcional no seu caso, em ambas as acepções da palavra, é como ela aliou as tarefas da democratização da cultura com a inovação, traduzindo (e traindo para lembrar Lévi-Strauss) o novo que apenas se avizinhava no horizonte. Uma parabólica – os mais jovens pesquisem no Google. O pragmatismo de uma intelectual pública, a maior de sua geração, que, paradoxalmente, viveu por toda a vida na universidade também como *scholar*, e que a levou, como vimos, a improváveis aproximações geracionais, tanto com seus professores quanto com as mais jovens – dos poetas marginais às suas "netas políticas" da quarta onda feminista, passando por artistas e lideranças das periferias. O pragmatismo acaba por se desdobrar numa personalidade sensível, atenta e plástica, levando Helô a aprender o tempo todo e, se necessário, a mudar e a assumir posições distintas.

Um pragmatismo diferente daquele com o qual estamos acostumados a lidar, sem dúvida, porque, como vimos, está sempre em aberto, ou seja, em movimento. Foi no pragmatismo do filósofo estadunidense Richard Rorty[183] que Heloisa Teixeira encontrou a si mesma estampada: um antifundacionalismo radicalmente historicista, cujo objetivo é valorizar o nosso senso da contingência, evitando, assim, a desumanização e o enrijecimento das práticas culturais. *Here is Helô, whole.* Quando André Botelho disse a ela que havia chegado ao Rorty, ela respondeu pelo WhatsApp: "credo, André, vc lê todos os meus segredos. Rorty foi e é fundamental pra mim. Li tudo dele."

Esse pragmatismo aberto, porém, ainda assim, talvez, não deixa de se relacionar com aquele "modo de ser pragmático" identificado pelo imerecidamente esquecido João Cruz Costa[184] como o traço mais distintivo da história das ideias no Brasil. Curioso como a consciência desse pertencimento social pode escapar e frequentemente escapa mesmo aos próprios intelectuais, protagonistas dessa história.

Com esse pragmatismo, Heloisa acrescentou um olhar pessoal intensificado na crítica da cultura e no estudo das manifestações artísticas e literárias cultas e populares; e também uma forma de problematização teórica que tem muito a ver com a experiência social brasileira. A sociedade brasileira não comporta linhas retas e progressivas apenas. Ela compreende labirintos, recuos e retrocessos. Impasses e ambiguidades se colocam e recolocam. A mudança não opera simplesmente pela ruptura, mas refaz e, muitas vezes, acentua hierarquias, diferenças e desigualdades sociais justamente quando a sociedade muda, ou parecia mudar. Persistem abismos ainda intransponíveis entre ricos e pobres, entre homens e mulheres, entre pretos e brancos, entre detentores de diplomas de curso superior e os excluídos.

---

183 R. Rorty, *Contingency, Irony and Solidarity*, 1989.

184 J. C. Costa, *Contribuição à história das ideias no Brasil*, 1936.

A tomada de consciência desses abismos não esmoreceu as convicções mais profundas de Helô Teixeira. Pelo contrário, incendiou ainda mais sua imaginação crítica e sociológica. Mas também calibrou certo voluntarismo, às vezes eufórico, com que muitas vezes vemos a vontade de transpô-los acontecer. Como se o ator social movesse sem constrangimentos históricos e estruturais. A própria Heloisa se dá conta disso em seus trabalhos sobre o feminismo, por exemplo. Como aquela passagem que, emulando Marx, nós chamamos das "mulheres em si" para as "mulheres para si", não é simples, não é direta, não é definitiva. Nada, aliás, é assim na vida social.

Sendo seu móvel conflituoso, a curiosidade constitui, modela e também transborda a carreira de Heloisa por todos os lados. Diante do fracasso anunciado no controle daquela pulsão de disciplinar sua curiosidade, aquele colocar antolhos para tornar-se apenas um especialista rigoroso, de que falava Max Weber[185] na famosa conferência "Ciência como vocação", Heloisa, como outros de sua geração, teria basicamente duas opções: ou fragmentar seus interesses, multiplicando e dispersando suas atividades para fora do ofício, ou domesticá-los para que coubessem todos dentro de um só registro, de um só "quadrado", como se diz por aí.

Heloisa não teve saída: reinventou a si e recriou o seu ofício, substituindo sempre o "ou" pelo "e". Ela não é professora universitária "ou" editora de livros, curadora de exposições "ou" orientadora de teses acadêmicas, autora de numerosos livros e artigos "ou" diretora de documentários cinematográficos, mas tudo isso e muito mais, junto e misturado – para cair dentro do clichê. Sim, de alguma forma, todas as suas diferentes atividades profissionais ganham sentido umas em relação às outras, como propusemos no início desse livro.

---

185 M. Weber, "Ciência como vocação", in *Ciência e política: duas vocações*, 1970.

Se fronteiras são locais de encontro também de culturas e domínios do conhecimento, Helô provoca-as. Cruza-as, espera e estimula que elas sejam cruzadas. Experimenta com elas. A inovação, que está na base das suas múltiplas atividades, alimenta-se justamente das comunicações que essas transgressões ensejam, e se mantém sempre em alta tensão, com eventuais irrupções de conflitos.

Sobre a democratização da cultura na sociedade brasileira, é preciso assumir que avançamos muito no reconhecimento social de outras modalidades de produção cultural. Já não parece mais tão autoevidente, para a sociedade, que sua cultura "legítima" seja a da elite e no máximo a dos subordinados, domesticada na indústria cultural e nas políticas públicas de Estado numa espécie de cultura para exportação. Como Mário de Andrade nos anos 1920-1940, Heloisa Teixeira é protagonista desse processo social nos anos 1960-2020. Como numa corrida de revezamento, ela pega o bastão deixado por Mário, para enfrentar os desafios desse processo social complexo e inacabado, com os recursos intelectuais e os desafios sociais do seu tempo. Helô ajudou a recriar a cultura e a literatura em uma chave aberta, democrática, horizontal, sem medo do conflito e das ambivalências, sempre aí presentes.

Mas o abismo que gera o susto continua entre nós. Ele persiste, é renitente: as desigualdades sociais são duráveis. É claro que essa situação não é exclusiva do Brasil, mas as nossas desigualdades (ainda enormes) e a velocidade do processo de democratização cultural e educacional dos últimos anos, mesmo com todos os seus problemas (efeitos agregados do Reuni, Sisu, Lei de Cotas, Prouni etc.), acaba deixando tudo mais potencialmente explosivo. Como pensar o susto hoje? Que tipo de solidariedade social ele está por criar? Genealogia do espanto.

AGRADECIMENTOS

"Pessoas diferentes tiram diferentes frases de mim."
VIRGINIA WOOLF, *As ondas*, 1931.

O DESAFIO DE ESCREVER ESSE LIVRO valeu a pena para nós, autores. Desejamos sinceramente que também valha a pena para as pessoas que o lerem. Reconstituir, desconstruir, pensar, repensar e tentar traduzir por palavras a obra crítica de primeira linha e a trajetória fascinante de Heloisa Teixeira é um privilégio.

E uma tarefa fadada ao fracasso, naturalmente. Mas tentamos enfrentá-la de cabeças erguidas; sem triunfalismo, porém. Que pessoa não é complexa? Quantos dados e nuances não escapam numa primeira sistematização dessa envergadura? Em nossa caixa de ferramentas, como em qualquer outra, faltam um ou outro item. E sempre é justamente aquele de que precisávamos!

Foi maravilhoso, se podemos nos expressar assim, voltar ao conflito entre indivíduo e sociedade, fundante da nossa disciplina, a Sociologia.

Bem, neste livro, partimos de algumas ideias individuais, outras conjuntas, resultados parciais de pesquisas que já vínhamos desenvolvendo em épocas distintas, mas todas elas testadas na parceria da escrita a quatro mãos. Infalível.

Falemos um pouco sobre a materialização da nossa parceria na escrita. Eu, André, fiquei mais diretamente responsável pelos capítulos/variações HT 1, 2 e 5. O Capítulo 1 decorre de uma reflexão mais recente que vinha desenvolvendo sobre os *Beginnings* da Helô, cuja hipótese apresentei no "IV Encrencas de Gênero: Crítica, Feminismos, Explosão: os horizontes da Helô", promovido pelo Laboratório de Teorias e Práticas Feministas do PACC/UFRJ em 2023. O capítulo seguinte desenvolve uma hipótese já formulada num ensaio que comemorou os oitenta anos da então Buarque de Hollanda, publicado no livro *Onde é que eu estou?*.[186] E também foi testada num curso noturno da

---

186 A. Botelho, "Heloisa Buarque de Hollanda: Ponte e Porta", in *Onde é que eu estou? Heloisa Buarque de Hollanda 8.0*, 2019.

Licenciatura em Ciências Sociais do IFCS/UFRJ, em 2018, um ano particularmente explosivo, sobre movimentos culturais e esquerdas nos anos 1960-1970, que ministrei com Antonio Brasil Jr. O Capítulo 5 foi um susto da escrita. A minha atuação de mais de duas décadas na área de pensamento social brasileiro acabou por cobrar seu preço. Helô foi colocada em perspectiva nesse campo de estudos. Quem sai ganhando? Quem sai perdendo?

Eu, Caroline, que desenvolvo minha tese de doutorado sob orientação do André, no PPGSA/IFCS/UFRJ, sobre a obra de Heloisa Teixeira e de outras duas críticas latino-americanas, estive mais à frente dos capítulos/variações HT 3 e 4. Algumas questões discutidas na preparação da tese, como o desenvolvimento dos estudos culturais na América Latina a partir de problemas locais/regionais, perpassam o Capítulo 3, no qual apresentamos o encontro da Helô com os estudos culturais. O capítulo seguinte também é resultado do acúmulo de leituras e reflexões para a tese, já que venho investigando como os estudos feministas contribuem com a renovação da crítica literária e cultural praticada na América Latina a partir dos anos 1980. A tese ainda ganhará desenvolvimentos próprios, imagino, mas foi um prazer esse primeiro mergulho na obra da Helô.

Autor e autora querem agradecer a algumas pessoas e o fazem conjuntamente celebrando o momento especial que, juntos, tiveram, ao escrever *sobre* e *para* Heloisa Teixeira nos últimos meses, consultando amigas e amigos. Adriana Varejão, Alice Ewbank, Ana Cecília Boal, Ana Cecilia Impellizieri Martins, Antonio Brasil Jr., Eduardo Coelho, Elenice Marmerolli, Elide Rugai Bastos, Henrique Braga, Karina Tresoldi, Lilia Moritz Schwarcz, Lucas van Hombeeck, Maurício Hoelz, Rosangela Gomes e Silviano Santiago.

Um agradecimento mais do que especial para a equipe de pesquisa que não poupou esforços: Alexandre de Bastos Pereira, Maria Fernanda Argileu e Miguel Cunha.

BIBLIOGRAFIA

AGAMBEN, Giorgio. *O que é o contemporâneo?: e outros ensaios.* Chapecó: Argos, 2009.

ALONSO, Angela. "O abolicionismo como movimento social". *Novos Estudos Cebrap,* nº 100, p. 115-127, 2014.

ALVES, Branca Moreira e PITANGUY, Jacqueline. *Feminismo no Brasil: memórias de quem fez acontecer.* Rio de Janeiro: Bazar do Tempo, 2022.

ANDERSON, Benedict. Introdução. In: BALAKRISHNAM, Gopal (org.). *Um mapa da questão nacional.* Rio de Janeiro: Contraponto, 2000

ANDRADE, Mário de. *Losango Cáqui.* São Paulo: Editora A. Tisi, 1926.

_____. *O turista aprendiz.* Brasília: Iphan, 2015.

_____. *Poesias completas.* (Editado por Diléa Zanotto Manfio). São Paulo: Edusp, 1987.

_____. *Os cocos.* São Paulo/Brasília: Duas Cidades/INL, 1984.

_____. *Macunaíma: o herói sem nenhum caráter.* (Edição crítica de Telê Porto Ancona Lopez). Rio de Janeiro: Livros Técnicos e Científicos; São Paulo: Secretaria da Cultura, Ciência e Tecnologia, 1978.

ANDRADE, Mário de e ANDRADE, Carlos Drummond de. *Carlos & Mário* (org. de Silviano Santiago). Rio de Janeiro: Editora Bem-Te-Vi, 2002.

ARRUZZA, Cinzia e BATTACHARYA, Tithi e FRASER, Nancy. *Feminismo para os 99%: um manifesto.* São Paulo: Boitempo, 2019.

AUGUSTO, Eudoro e VILHENA, Bernardo. Consciência Marginal. *Malasartes,* Rio de Janeiro, nº 1, 1975, p. 34-36.

BARNES, Dean. "Barnes Leaves Law School To Work on L.A. Studies". In: *The Harvard Crimson,* 12 maio 1964.

BARTHES, Roland. *Crítica e verdade.* São Paulo: Perspectiva, 1970.

BASTOS, Elide Rugai e BOTELHO, André. "Para uma sociologia dos intelectuais". *Dados,* vol. 53, nº 4, p. 889-919, 2010.

BATACHAN DESU. J.S.Bach "The Goldberg Variations" [Glenn Gould] (1955). YouTube. 31 jan. 2017. 39min10s. Disponível em <https://www.youtube.com/watch?v= Cwas_7H5KUs>. Acesso em 2 ago. 2024.

BECK, Ulrich. *Individualization: institutionalized individualism and its social and political consequences.* Londres: SAGE Publications, 2002.

_____. A reinvenção da política: rumo a uma teoria da modernização reflexiva. In: GIDDENS, Antony e LASH, Scott e BECK, Ulrich. *Modernização reflexiva: política, tradição e estética na ordem social moderna.* São Paulo: Editora Unesp, 1997, p. 11-72.

BEZERRA, Luciana. *Meu destino era o Nós do Morro.* Rio de Janeiro: Aeroplano, 2010.

BOMENY, Helena. *Darcy Ribeiro: sociologia de um indisciplinado*. Belo Horizonte: Editora UFMG, 2001.

BOTELHO, André e HOELZ, Maurício. *O modernismo como movimento cultural: Mário de Andrade, um aprendizado*. Petrópolis: Vozes, 2022.

_____. e BRASIL JR. Antonio. "A revolução burguesa no Brasil: cosmopolitismo sociológico e autocracia burguesa". In: FERNANDES, Florestan. *A revolução burguesa no Brasil: ensaio de interpretação sociológica*. São Paulo: Contracorrente, 2020, p. 7-19.

_____. "Heloisa Buarque de Holanda: Ponte e Porta". In: *Onde é que eu estou? Heloisa Buarque de Hollanda 8.0*. (Organização de André Botelho, Cristiane Costa, Eduardo Coelho e Ilana Strozenberg). Rio de Janeiro: Bazar do Tempo, 2009.

BRASIL. *Reforma Universitária: Relatório do Grupo de Trabalho Criado pelo Decreto nº 62.937/68*. 3a. ed. [Brasília]: MEC, 1983. Disponível em <http://www.dominiopublico.gov.br/pesquisa/DetalheObraForm.do?select_action=&co_obra=27393>. Acesso em 8 jul. 2024.

BRASIL Jr., Antonio. *Passagens para a uma teoria sociológica*. São Paulo: Hucitec, 2013.

BRITO, Antonio Carlos. Tudo da minha terra. *Almanaque*, n. 6, São Paulo: Brasiliense, 1978.

_____. e HOLLANDA, Heloisa Buarque de. "Nosso verso de pé-quebrado". *Argumento*, nº 3, p. 81-96, jan. 1974.

BOSI, Viviane. *Poesia em risco: Itinerários para aportar nos anos 1970 e além*. São Paulo: Editora 34, 2021.

BUZO, Alessandro (org.). *Hip-hop: dentro do movimento*. Rio de Janeiro: Aeroplano, 2010.

CALLADO, Antonio. *Macunaíma – Ruptura e Tradição*. São Paulo, Massao Ohno/ João Farkas editores, 1977. Originalmente, tese de doutorado: *Estudo Minucioso do Grande e Inestimável Macunaíma à Luz das Concepções Teóricas do Famoso Crítico Russo Mikhail Bakhtin, sobre Escritos dos Consagrados Autores Fiódor Dostoievski e Mestre François Rabelais, Doutor em Medicina*. Orientação: Bóris Schnaidermann. São Paulo, FFLCH-USP, 1976.

CAMPOS, Haroldo de. *Morfologia do Macunaíma*. São Paulo, Perspectiva, 1973, il. Coleção Estudos, 19. Originalmente, tese de doutorado: *Para uma Teoria da Prosa Modernista Brasileira*. Orientação: Antonio Candido de Mello e Souza. São Paulo, FFLCH-USP, 1972.

CANDIDO, Antonio. *Formação da literatura brasileira: momentos decisivos*. Belo Horizonte: Itatiaia, vols.1 e 2. 1993.

CESAR, Ana Cristina. *Correspondência incompleta*. (Organização de Armando Freitas Filho e Heloisa Buarque de Hollanda). Rio de Janeiro: Aeroplano, 1999.

COELHO, Eduardo. Os marginais: "mais precário é parar de escrever ou esperar sentado as soluções exteriores" (artigo no prelo).

COELHO, Frederico. *Trovoadas em dia de chuva*. Blog da Biblioteca Virtual do

Pensamento Social. 5 jul. 2023. Hospedagem *Vale quanto pesa*. Disponível em <https://blogbvps.com/2023/07/05/trovoadas-em-dia-de-chuva-por-frederico-coelho/>. Acesso em 23 jul. 2024.

_____. "Quantas margens cabem em um poema? Poesia marginal ontem, hoje e além". In: FERRAZ, Eucanaã (org.). *Poesia marginal: palavra e livro*. São Paulo: Instituto Moreira Salles, 2013, p. 11-41.

COSTA, João Cruz. *Contribuição à história das ideias no Brasil. (O desenvolvimento da filosofia no Brasil e a evolução histórica nacional)*. Rio de Janeiro: José Olympio, 1936.

COUTINHO, Afrânio. Crítica de mim mesmo, 1984. Disponível em <https://filosocram. blogspot.com/2010/01/critica-de-mim-mesmo-afranio-coutinho.html>. Acesso em 8 jul. 2024.

_____. *A literatura no Brasil*. São Paulo: Global. 6 vol, 2003.

CUNHA, Euclides da. *Os Sertões*. Rio de Janeiro: Laemmert & Cia, 1902.

DA SILVA NETO, Antônio Leão. *Dicionário de filmes brasileiros*. São Paulo, Editora do Autor, 2002.

DÍAZ-QUIÑONES, Arcadio. *Sobre los principios: los intelectuales caribeños y la tradición*. Universidade Nacional de Quilmes, 2006.

EAGLETON, Terry. *A ideologia da estética*. Rio de Janeiro: Zahar, 1993.

EDER, Klaus. *The new politics of class: social movements and cultural dynamics in advanced societies*. Londres: Sage, 1993.

ELTIT, Diamela e RICHARD, Nelly. "Jean Franco: un retrato". *Revista de Critica Cultural*, nº 11, p. 18-21, 1995.

FAUSTINI, Marcus V. *Guia Afetivo da Periferia*. Rio de Janeiro: Aeroplano, 2009.

FERNANDES, Florestan. *A revolução burguesa no Brasil: ensaio de interpretação sociológica*. São Paulo: Contracorrente, 2020.

FORTUNA, Maria. "'Não vou morrer Heloisa Buarque de Hollanda', diz uma das maiores pensadoras do feminismo brasileiro, que não quer mais ser reconhecida pelo sobrenome do marido". *O Globo*, Rio de Janeiro, 17 jul. 2023. Disponível em < https:// oglobo.globo.com/cultura/noticia/2023/07/17/nao-vou-morrer-heloisa-buarque-de-hollanda-diz-uma-das-maiores-pensadoras-do-feminismo-brasileiro-que-nao-quer-mais-ser-reconhecida-pelo-sobrenome-do-marido.ghtml>. Acesso em 8 jul. 2024.

FOUCAULT, Michel. *Arqueologia das ciências e história dos sistemas de pensamentos*. Rio de Janeiro: Forense Universitária, 2000.

_____. *Microfísica do poder*. Rio de Janeiro: Edições Graal, 1979.

FRANCO, Jean. "Si me permiten hablar: la lucha por el poder interpretativo". *Revista Casa de Las Americas,* ano 29, nº 171, nov./dez. 1988.

_____. *The Modern Culture of Latin America: Society and Artist*. Londres:

Praeger, 1967.

HALL, Stuart. "Cultural studies: two paradigms". *Media, Culture & Society*, vol. 2, nº 1, p. 57-72, 1980.

HB, Heraldo. *O cerol fininho da Baixada: histórias do cineclube Mate com Angu*. Rio de Janeiro: Aeroplano, 2013.

HOGGART, Richard. *The uses of literacy: aspects of working-class life, with special references to publications and entertainments*. Londres: Chatto and Windus, 1957.

HOLLANDA, Heloisa Buarque de. Currículo do sistema currículo Lattes. [Brasília], 2 ago. 2024. Disponível em: http://lattes.cnpq.br/8383022780236277. Acesso em: 2 ago. 2024.

_____. *Feminista eu?: Literatura, Cinema Novo, MPB*. Rio de Janeiro, Bazar do Tempo, 2022.

_____. (org.). *26 poetas hoje*. São Paulo: Companhia das Letras, 2021.

_____. (org.). *As 29 poetas hoje*. São Paulo: Companhia das Letras, 2021.

_____. *Pensamento feminista hoje: perspectivas decoloniais*. Rio de Janeiro: Bazar do Tempo, 2020.

_____. (org.). *Pensamento feminista hoje: sexualidades no sul global*. Rio de Janeiro: Bazar do Tempo, 2020.

_____. *Onde é que eu estou? Heloisa Buarque de Hollanda 8.0*. Organização de André Botelho, Cristiane Costa, Eduardo Coelho e Ilana Strozenberg. Rio de Janeiro: Bazar do Tempo, 2019.

_____. (org.). *Pensamento feminista: conceitos fundamentais*. Rio de Janeiro: Bazar do Tempo, 2019.

_____. (org.). *Pensamento feminista brasileiro: Formação e contexto*. Rio de Janeiro: Bazar do Tempo, 2019.

_____. (org.). *Explosão feminista: arte, cultura, política e universidade*. São Paulo: Companhia das Letras, 2018.

_____. *Rachel Rachel*. São Paulo: HB, 2016. E-book.

_____. Entrevista concedida a Antonio Herculano Lopes e Joëlle Rouchou. *Escritos: revista da Casa de Rui Barbosa*, Rio de Janeiro: Edições Casa de Rui Barbosa, ano 7, p. 349-367, 2013.

_____. e ARIJÓN, Teresa. (orgs.) *Otra línea de fuego. Quince poetas brasileñas ultracontemporáneas*. Espanha: Maremoto, 2009.

_____. *Escolhas: uma autobiografia intelectual*. Recife; Rio de Janeiro: Carpe Diem; Língua Geral, 2009.

_____. *ENTER - Antologia digital*. Rio de Janeiro, 2009.

_____. e SOVIK, Liv. O papa negro dos estudos culturais. Entrevista de Stuart Hall. *Jornal do Brasil*, Caderno Ideias, 3 de janeiro, p. 3., 2005.

_____. (org.). *Esses poetas: uma antologia dos anos 90*. Rio de Janeiro: Aeroplano, 1998.

_____. (org.). *Tendências e impasses: o feminismo como crítica da cultura*. Rio de Janeiro: Rocco, 1994.

_____. e ARAÚJO, Lucia Nascimento. (orgs.) *Ensaístas brasileiras: mulheres que escreveram sobre literatura e artes de 1860 a 1991*. Rio de Janeiro: Rocco, 1993.

_____. *Impressões de viagem: CPC, vanguarda e desbunde (1960/70)*. Rio de Janeiro: Rocco, 1992.

_____. (org.) *¿Y nosotras latinoamericanas?: estudos sobre gênero e raça*. São Paulo: Fundação Memorial da América Latina, 1992.

_____. (org.). *Pós-modernismo e política*. Rio de Janeiro: Rocco, 1992.

_____. O estranho horizonte da crítica feminista no Brasil. *Colóquio "Celebración y Lecturas: La Critica Literária en Latinoamerica"*. Ibero-Amerikanisches Institut Preussischer Kulturbesitz. Berlin, novembro de 1991.

_____. Os estudos sobre mulher e literatura no Brasil: uma primeira avaliação. *Papéis Avulsos*: CIEC/ECO/UFRJ, 1990.

_____. (coord.). *Quase Catálogo*. 3 vols. Rio de Janeiro: CIEC. (1989-1991).

_____. e GONÇALVES, Marcos A. *Cultura e Participação nos anos 60*. São Paulo: Brasiliense, 1982.

_____. e PEREIRA, Carlos A. M. *Poesia jovem anos 70*. São Paulo: Abril-Educação, 1982.

_____. e PEREIRA, Carlos A. M. (orgs.). *Patrulhas Ideológicas*. Marca registrada. Arte e engajamento em debate. São Paulo: Brasiliense, 1980.

_____. *Macunaíma: da literatura ao cinema*. Rio de Janeiro: José Olympio/ Empresa Brasileira de Filmes, 1978.

_____. *Heróis de nossa gente*. Dissertação de Mestrado em Literatura Brasileira. Universidade Federal do Rio de Janeiro, Faculdade de Letras, Rio de Janeiro, 1974.

HOMBEECK, Lucas van. *Poema sujo, intérprete do Brasil*. São Paulo: Hucitec, 2022.

HOSPEDAGEM VALE QUANTO PESA. (2023). Brasil, Blog da Biblioteca Virtual do Pensamento Social. Disponível em: https://blogbvps.com/category/hospedagem-vale-quanto-pesa/. Acesso em: 23 jul. 2024.

JORNAL DO BRASIL. Tudo aqui que está no ar. Livro. Caderno B. Rio de Janeiro, ano XC, n° 249, 13 de dezembro de 1980.

_____. Livro. Rio de Janeiro, ano XC, n° 249, 13 de dezembro de 1980.

LAVINAS, Lena. Editorial. *Revista Estudos Feministas*. n° 0, p. 3-4, 1992.

LENZ, Flavio. *Daspu: a moda sem vergonha*. Rio de Janeiro: Aeroplano, 2008.

LIMA, Alceu Amoroso. Adeus à disponibilidade literária [1944]. In: TELES, Gilberto Mendonça (org.). *Teoria, crítica e história literária*. São Paulo: Edusp, 1980a, p. 383-396.

LOPES, Denilson. *O homem que amava rapazes e outros ensaios*. Rio de Janeiro: Aeroplano, 2002.

LOPEZ, Telê Porto Ancona. *Mário de Andrade: ramais e caminhos*. São Paulo: Duas Cidades, 1972.

LUDEMIR, Julio. *101 funks que você tem que ouvir antes de morrer*. Rio de Janeiro: Aeroplano, 2013.

MACHADO, Ana Maria. Discurso de recepção a Heloisa Buarque de Hollanda (ou Teixeira). Blog Bazar do Tempo, 2023. Disponível em: https://bazardotempo.com. br/discurso-de-recepcao-a-heloisa-buarque-de-hollanda-ou-teixeira/ Acesso em 8 jul. 2024.

MARX, Karl. *O 18° Brumário de Louis Bonaparte*. Lisboa: Avante, 2003.

MINAS MUNDO. MMM Modernismo por Minas Mundo. YouTube. 26 jul. 2021. 10min23s. Disponível em: https://www.youtube.com/watch?v=LtaA98KNNLA. Acesso em: 8 jul. 2024.

MOORE JR., Barrington. *As origens sociais da ditadura e da democracia: senhores e camponeses na construção do mundo moderno*. São Paulo: Martins Fontes, 1983.

NABUCO, Joaquim. *O Abolicionismo*. Rio de Janeiro: BestBolso, 2010.

_____. *Minha formação*. São Paulo: W. M. Jackson Inc. Editores, 1949.

NASCIMENTO, Érica P. *Vozes marginais na literatura*. Rio de Janeiro: Aeroplano, 2009.

PASOLINI, Pier Paolo. "Il vuoto del potere ovvero l'articolo dele lucciole". *Corriere dela Sera*, 1 fev. 1975. Disponível em <https://www.corriere.it/speciali/pasolini/ potere.html>. Acesso em 2 ago. 2024.

PEREIRA, Carlos Alberto M. *Retrato de época: poesia marginal anos 70*. Rio de Janeiro: Editora Funarte, 1981.

PIRES, Vera Lúcia G. A. *A Linguagem dos Personagens de Macunaíma: Alienação e Consciência*. Dissertação de mestrado. Orientação: Eneida do R. M. Bomfin. Rio de Janeiro, PUC-RJ, 1976.

POCOCK, John. G. A. *The machiavellian moment: florentine political thought and the Atlantic Republican tradition*. Princeton: Princeton University Press, 1975.

REVISTA JOSÉ. Poesia hoje: debate. Rio de Janeiro, vol. 2, ago. 1976.

RIBEIRO, Darcy. *O povo brasileiro: a formação e o sentido do Brasil*. São Paulo: Companhia das Letras, 1995.

RORTY, Richard. *Contingency, irony and solidarity*. Cambridge: Cambridge University Press, 1989.

ROSA, Allan da. *Pedagoginga, autonomia e mocambagem*. Rio de Janeiro, Aeroplano, 2013.

SAID, Edward. *Beginnings: Intentions and Method*. Nova York: Basic Books, 1975.

_____. *Orientalismo*. São Paulo: Companhia das Letras, 1995.

SALLES, Écio. *Poesia revoltada*. Rio de Janeiro: Aeroplano, 2007.

SANTIAGO, Silviano. "O entre-lugar do discurso latino-americano". In: *Uma literatura nos trópicos*. Recife: CEPE Editora, 2019, p. 9-30.

_____. *Genealogia da ferocidade*. Recife: Cepe, 2017.

_____. Democratização no Brasil 1979-1981: cultura versus arte. In: ANTELO, Raul et al. (org.). *Declínio da arte/Ascensão da cultura*. Florianópolis, Letras Contemporâneas, 1998.

_____. *Glossário de Derrida*. Departamento de Letras da PUC/RJ. Rio de Janeiro: F. Alves, 1976.

_____. *Vale quanto pesa: ensaios sobre questões político-culturais*. Rio de Janeiro: Paz e Terra, 1982.

_____. *Em liberdade: uma ficção de Silviano Santiago*. Rio de Janeiro: Paz e Terra, 1981.

_____. *Carlos Drummond de Andrade*. Petrópolis: Vozes, 1976. (Coleção Poetas Modernos do Brasil.)

SCHWARZ, Roberto. Entrevista. *Margem esquerda*, Revista da Boitempo, nº 40, 2023.

_____. Um seminário de Marx. In: *Sequências brasileiras: ensaios*. São Paulo: Companhia das Letras, 1999, p. 86-105.

_____. "Nacional por subtração". In: *Que horas são?: ensaios*. São Paulo: Companhia das Letras, 1987, p. 29-48.

_____. "Cultura e política, 1964-1969". In: *O pai de família e outros estudos*. Rio de Janeiro: Paz e Terra, 1978, p. 61-92.

SILVA, Eliana S. *Testemunhos da Maré*. Rio de Janeiro: Aeroplano, 2012.

SONTAG, Susan. *Contra a interpretação*. Porto Alegre: L&PM, 1987.

STAROBINSKI, Jean. *Montaigne em movimento*. São Paulo: Companhia das Letras, 1993.

TEIXEIRA, Heloisa. *Helô no Jornal do Brasil (1980-2005)*. (Organização de André Botelho e Caroline Tresoldi). Rio de Janeiro: BVPS Coleção 002, jul. 2024.

Disponível em <https://blogbvps.com/wp-content/uploads/2024/07/bvps-colecao_v002.pdf>. Acesso em 31 jul. 2024.

_____. e LIMA, Adriana. "Atentas e fortes". MHz Podcast, YouTube. 7 mar. 2024. 47min45s. Disponível em <https://www.youtube.com/watch?v=MWNKrYNeKKU>. Acesso em 8 jul. 2024.

_____. Discurso de posse na ABL. Blog Bazar do Tempo, 2023. Disponível em <https://bazardotempo.com.br/discurso-de-posse-na-abl-por-heloisa-teixeira/>. Acesso em 31 jul. 2024.

TOURAINE, Alain. *Le retour de l'acteur: essai de sociologie*. Paris: Fayard, 1984.

TRESOLDI, Caroline. *Rachel de Queiroz & mais: conversa com Heloisa Buarque de Hollanda*. Blog da Biblioteca Virtual do Pensamento Social. Série Nordeste. Publicado em: 18 maio 2023. Disponível em <https://blogbvps.com/2023/05/18/serie-nordeste-rachel-de-queiroz-mais-conversa-com-heloisa-buarque-de-hollanda-por-caroline-tresoldi/>. Acesso em 8 jul. 2024.

VENTURA, Zuenir. *1968: o ano que não terminou*. Rio de Janeiro: Objetiva, 2013.

_____. O vazio cultural. *Visão*. São Paulo, julho de 1971.

WEBER, Max. Ciência como vocação [1919]. In: *Ciência e política: duas vocações*. São Paulo: Cultrix, 1970, p. 17-52.

WILLIAMS, Raymond. *Culture and Society, 1780-1950*. Nova York: Anchor Books; Doubleday & Company Inc, 1958.

WOOLF, Virginia. *As ondas*. Rio de Janeiro: Nova Fronteira, 2023.

YÚDICE, George. "Los estudios culturales en la encrucijada de la incertidumbre". *Revista Iberoamericana*, nº 203, p. 449-64, 2003.

FILMES

Dr. Alceu. Direção: Heloisa Buarque de Hollanda. Rio de Janeiro: Embrafilme – Empresa Brasileira de Filmes S.A. HDCAM, 1981.

Macunaíma. Direção: Joaquim Pedro de Andrade. Produção: Condor Film; Grupo Novo de Cinema e TV. 1 filme (50 min), son., color., 35mm, 1969.

Helô. Direção: Lula Buarque de Hollanda. Rio de Janeiro: Conspiração; Espiral; Hysteria; Riofilme. Cor/Color 82', 2023.

Este livro foi editado pela Bazar do tempo,
na cidade de São Sebastião do Rio de
Janeiro, em novembro de 2024. Ele foi
composto com as fontes Mercury e Acumin,
e impresso em papel Pólen Bold 70g/m²,
pela gráfica Rotaplan.